2010年国家社会科学基金青年项目资助(编号10CJY010)

我国重要能源资源需求峰值预测与分析

Woguo Zhongyao Nengyuan Ziyuan Xuqiu Fengzhi Yuce Yu Fenxi

彭武元 著

图书在版编目(CIP)数据

我国重要能源资源需求峰值预测与分析/彭武元著. —武汉:中国地质大学出版社,2015.12
ISBN 978-7-5625-3790-8

Ⅰ.①我…
Ⅱ.①彭…
Ⅲ..①能源需求-研究-中国
Ⅳ.①F426.2

中国版本图书馆 CIP 数据核字(2015)第 295414 号

我国重要能源资源需求峰值预测与分析	彭武元 著
责任编辑：姜 梅	责任校对：代 莹

出版发行：中国地质大学出版社(武汉市洪山区鲁磨路388号)	邮政编码:430074
电　　话:(027)67883511　　　传真:67883580	E-mail:cbb@cug.edu.cn
经　　销:全国新华书店	http://www.cugp.cug.edu.cn
开本:787 毫米×1092 毫米 1/16	字数:200 千字　印张: 7.75
版次:2015 年 12 月第 1 版	印次:2015 年 12 月第 1 次印刷
印刷:武汉三新大洋数字出版技术有限公司	
ISBN 978-7-5625-3790-8	定价:28.00 元

如有印装质量问题请与印刷厂联系调换

前言

能源是一国经济发展的重要物质基础。研究中国重要能源资源需求峰值问题,有利于中国做好能源的安全供应。虽然中国煤炭资源总量较为丰富,但石油和天然气资源总量较少,人均能源资源占有量远低于世界平均水平。随着中国经济的快速发展,能源约束"瓶颈"问题反复显现。第一,能源供应过度依赖煤炭,不仅加重了环境和运输的压力,而且导致安全事故频繁发生。第二,部分能源对外依存度逐年提高,加大了安全供应的脆弱性。我国总体能源对外依存度并不高,但是品种结构矛盾比较突出,石油和天然气的供应越来越依赖国际市场。

研究中国重要能源资源需求峰值问题,还有利于中国有效应对全球气候变化的挑战。近年来,国际社会控制温室气体排放的呼声日益高涨。尽管中国政府作出了到 2020 年单位 GDP CO_2 排放比 2005 年下降 40%～45% 的承诺,但是,中国的诚意不仅没有得到发达国家的积极回应,部分发达国家反而要求包括中国在内的发展中国家承诺 2050 年远期减排目标,即全球在 2050 年相对于当前排放水平削减 50%。面对气候变化的新形势,中国需要将有效控制温室气体排放作为能源战略的重要目标之一。

本项目是在 2010 年国家社会科学基金青年项目"我国重要能源资源需求峰值预测与分析"(编号:10CJY010)资助下完成的。在从事本项研究之前,我有幸到中国社会科学院世界经济与政治研究所从事理论经济学的博士后研究,并参与了合作导师潘家华研究员的一些有关能源与气候变化方面的研究课题,此后又获得中美富布赖特(Fulbright)项目的资助,到美国斯坦福大学做访问研究学者。这些研究经历都对我从事本项研究发挥了积极的作用。

最后,感谢来自中国地质大学(武汉)经济管理学院的课题组成员程胜教授、郭海湘教授、陈艳副教授、周远祺副教授和张良锋硕士的大力支持!

彭武元
2015 年 9 月

目录

第一章 绪言 …………………………………………………………… (1)

第一节 问题的提出 ………………………………………………… (1)

一、我国一次能源消费量增长迅速 ……………………………… (1)

二、能源安全供应难度加大 ……………………………………… (2)

三、我国在温室气体减排上面临着严峻的挑战 ………………… (9)

第二节 本项研究的主要内容和研究意义 ………………………… (10)

一、本项研究的主要内容 ………………………………………… (10)

二、本项研究的意义 ……………………………………………… (11)

第三节 国内外研究现状述评 ……………………………………… (11)

一、我国能源资源需求的驱动因素 ……………………………… (11)

二、我国能源资源需求的限制因素 ……………………………… (11)

三、我国能源资源需求的其他影响因素 ………………………… (12)

四、能源需求预测方法研究 ……………………………………… (12)

第二章 研究思路和方法 …………………………………………… (13)

第一节 研究思路 …………………………………………………… (13)

第二节 模型 ………………………………………………………… (14)

一、模型的建立 …………………………………………………… (14)

二、模型参数的设定 ……………………………………………… (15)

三、模型工具的选择 ……………………………………………… (16)

第三节 情景分析方法 ……………………………………………… (16)

第四节 重点难点 ··· (17)
一、重点 ··· (17)
二、难点 ··· (17)

第五节 终端能源需求的部门划分 ·· (17)

第六节 能源流量图 ··· (21)

第三章 能源需求的影响因素分析与未来发展趋势 ································· (22)

第一节 驱动因素 ·· (22)
一、人口因素 ··· (22)
二、经济增长 ··· (24)
三、工业化 ··· (27)
四、城市化 ··· (30)
五、市场化 ··· (32)
六、全球化 ··· (35)

第二节 限制因素 ·· (37)
一、国内环境问题 ··· (37)
二、全球气候变化 ··· (38)

第三节 其他因素 ·· (40)
一、能源政策 ··· (41)
二、能源技术 ··· (42)
三、能源财税金融体制 ·· (43)
四、消费模式 ··· (47)
五、国际合作 ··· (48)

第四章 模型参数的设定 ··· (50)

第一节 终端部门能源服务的需求 ·· (50)
一、工业部门未来能源服务需求发展趋势 ·· (51)
二、交通、居民和商业用能未来发展趋势 ·· (54)

第二节　技术参数 …………………………………………………………… (62)

　　　一、总体技术参数 ………………………………………………………… (62)

　　　二、终端部门技术参数 …………………………………………………… (64)

　　　三、加工转换技术 ………………………………………………………… (76)

　　第三节　模型约束条件 ……………………………………………………… (82)

第五章　中国 MARKAL 模型及情景分析 ……………………………………… (85)

　　第一节　什么是 MARKAL？ ………………………………………………… (85)

　　　一、MARKAL 简介 ………………………………………………………… (85)

　　　二、MARKAL 的建模框架 ………………………………………………… (86)

　　　三、MARKAL 模型的不同形式 …………………………………………… (87)

　　第二节　MARKAL 模型软件 ………………………………………………… (88)

　　　一、ANSWER–MARKAL 软件 …………………………………………… (88)

　　　二、GAMS MARKAL 模型的限制条件 …………………………………… (89)

　　第三节　中国 MARKAL 模型 ………………………………………………… (90)

　　　一、中国 MARKAL 模型中的主要技术 …………………………………… (90)

　　　二、中国 MARKAL 模型中的参考能源系统(Reference Energy System) ……… (91)

　　　三、中国 MARKAL 模型的参数设定 ……………………………………… (91)

　　第四节　情景设定 …………………………………………………………… (93)

　　第五节　情景计算 …………………………………………………………… (94)

　　第六节　情景分析 …………………………………………………………… (96)

　　　一、不同碳减排情景下煤炭需求峰值 …………………………………… (96)

　　　二、不同碳减排情景下石油需求峰值 …………………………………… (96)

　　　三、不同碳减排情景下天然气(含煤层气等)需求峰值 ………………… (97)

　　　四、不同碳减排政策下水电资源需求峰值 ……………………………… (98)

　　　五、不同碳减排政策下核能资源需求峰值 ……………………………… (98)

　　　六、不同碳减排情景下我国一次能源资源需求峰值 …………………… (99)

Ⅴ

第六章　中国能源供应路线 …………………………………………（100）
　　第一节　煤炭供应路线 ……………………………………………（100）
　　第二节　石油供应路线 ……………………………………………（102）
　　第三节　天然气供应路线 …………………………………………（103）
　　第四节　核能资源供应路线 ………………………………………（104）
参考文献 …………………………………………………………………（106）
后　记 ……………………………………………………………………（109）

第一章 绪 言

第一节 问题的提出

能源是一国经济发展的重要物质基础。改革开放以来,特别是 2001 年加入世界贸易组织(WTO)以来,我国一次能源消费量增长迅速。这既引发了对能源安全供应的担忧,也带来了温室气体减排的压力。

一、我国一次能源消费量增长迅速

1980—2000 年,我国一次能源消费量从不足 6 亿 t 标准煤增长到近 14 亿 t 标准煤,20 年间消费量翻了一番多;2000—2010 年,我国一次能源消费量从不足 14 亿 t 标准煤增长到超过 30 亿 t 标准煤,10 年间消费量又翻了一番多(图 1-1),且呈快速增长之势。据国际能源署统计数据显示,2009 年中国能源总消耗首次超过美国,成为世界第一大能源消费国[①]。

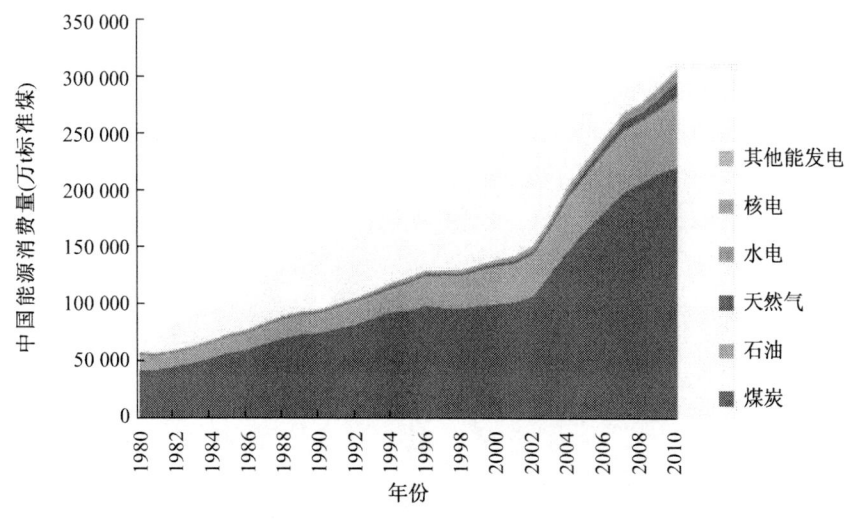

图 1-1 中国一次能源消费量图

(数据来源:《中国能源统计年鉴》,各年)

注:①按电热当量计算法计算;②2011 年开始水电、核电和其他能发电不再单独统计。

---

① 资料来源:中国气候变化信息网,http://www.ccchina.gov.cn。

二、能源安全供应难度加大

我国一次能源资源的快速消耗引发了对能源安全供应问题的担忧。中国人均能源资源拥有量在世界上处于较低水平,煤炭、石油和天然气的人均占有量仅为世界平均水平的67%、5.4%和7.5%(中国能源供求状况及前景分析课题组,2007)。

1. 我国能源资源呈快速消耗趋势

我国能源资源拥有量占世界比重较低,而生产量占世界比重相对较高,呈现资源快速消耗之势。2010年底,我国石油资源探明储量占世界的1.06%,当年石油开采量占世界的4.89%;天然气探明储量占世界的1.50%,当年天然气开采量占世界的3.13%;煤炭探明储量占世界的13.30%,当年生产量占世界的44.84%(表1-1)。

表1-1 2010年底我国化石能源资源储采比及与全球比较

能源资源	全球			中国		
	探明储量	开采量	储采比(年)	探明储量	开采量	储采比(年)
石油(10亿t)	188.8	4.09	46.2	2.0	0.20	9.9
天然气(万亿m³)	187.1	3.19	58.6	2.8	0.10	29
煤炭(百万t)	860 938	7 296.08	118	114 500	3 271.43	35

资料来源:BP,Statistical Review of World Energy,2011。

2000年,我国能源资源预测总量为4万亿t标准煤,占世界的4%;探明能源资源总量为8 231亿t标准煤,相当于资源总量的20%(中国能源供求状况及前景分析课题组,2007)。2010年,我国能源资源开采量为22.62亿t标准煤,占世界能源资源开采量的17.64%,且呈快速增长之势(图1-2)。

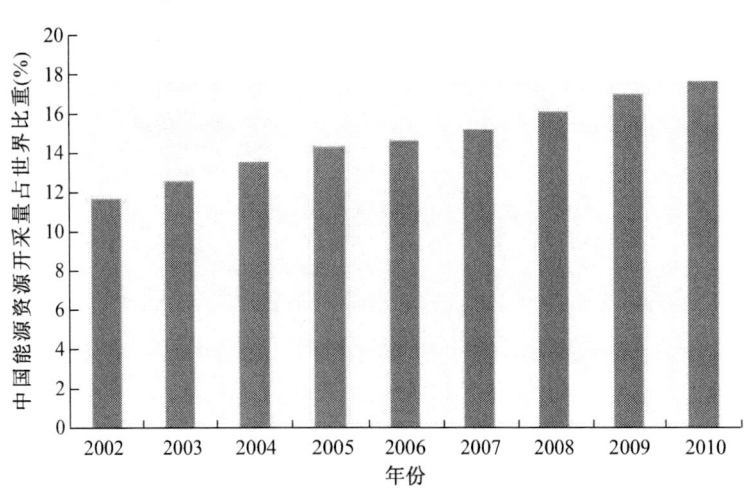

图1-2 中国能源生产量占世界比重
(资料来源:中国能源统计年鉴,各年)

截至2005年底,全国探明石油地质储量258亿t,占世界总储量的2%,居世界第12位,资源探明率为25.3%;探明可采储量70亿t,占探明储量的27.1%;剩余可采储量为24.9亿t(中国能源供求状况及前景分析课题组,2007)。2010年,我国石油和天然气凝析液的生产量为2.03亿t,占世界总生产量的4.89%(图1-3)。如果没有新发现大型油田或没有重大技术突破,按照目前原油生产能力计算,只可继续开采9.9年,远低于世界46.2年的储采比水平。

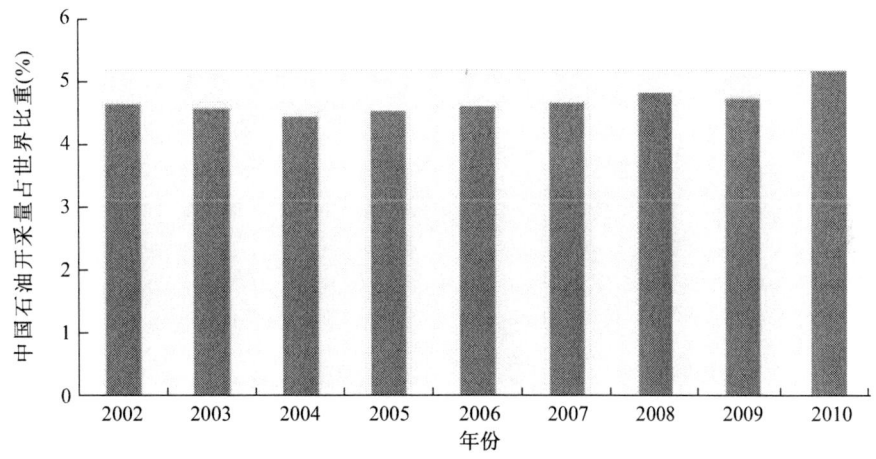

图1-3 中国原油和天然气凝析液生产量占世界比重

(资料来源:BP,Statistical Review of World Energy,2011)

中国的天然气资源同样匮乏。截至2005年底,已探明地质储量为6.2万亿m^3,占世界总量的0.5%,居世界第22位,资源探明率为16.3%;探明可采储量约为3.5万亿m^3,剩余可采储量为2.8万亿m^3(中国能源供求状况及前景分析课题组,2007)。2010年,我国天然气开采量为1 000亿m^3,占世界开采量的3.13%,呈快速增长之势(图1-4)。按照目前开采能力计算,储采比为29年,仍低于世界58.6年的储采比水平。

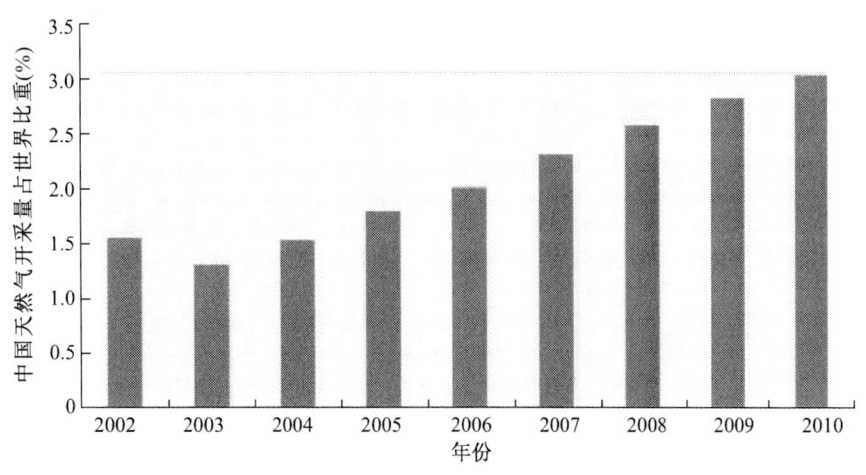

图1-4 中国天然气开采量占世界比重

(资料来源:BP,Statistical Review of World Energy,2011)

与石油、天然气相比,中国的煤炭资源状况相对要好些。截至2005年底,探明可采储量为10 430亿t,占世界的3.9%,居世界第3位,剩余可采储量为3 326亿t(中国能源供求状况及前景分析课题组,2007)。2010年,我国煤炭开采量18.00亿t标准煤,占世界的44.84%,呈上升趋势(图1-5)。若保持目前原煤开采强度,大约可继续开采35年。但是,探明可采储量的开采条件差,大部分分布在中西部地区,远离沿海煤炭主要消费中心。

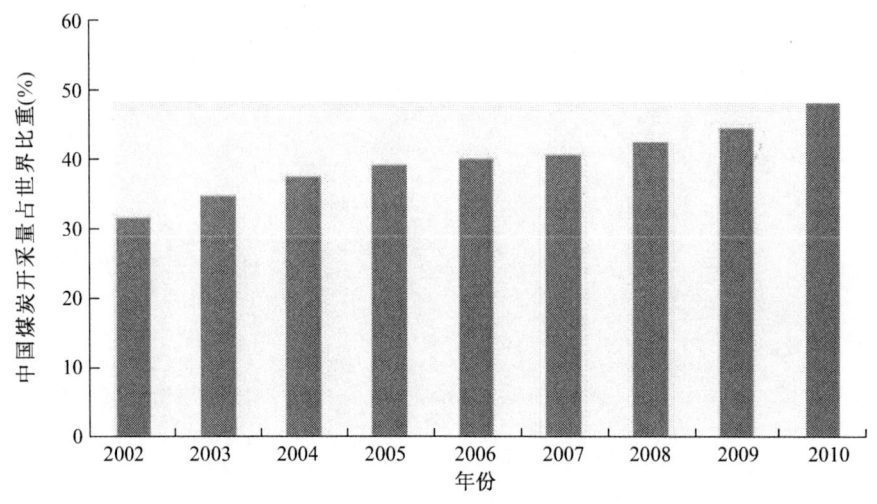

图1-5 中国煤炭开采量占世界比重

(资料来源:BP,Statistical Review of World Energy,2011)

虽然近年来中国能源消费增长较快,但目前人均能源消费水平还比较低,仅为发达国家平均水平的1/3左右。随着经济社会发展和人民生活水平的提高,未来能源消费还将大幅增长,资源约束不断加剧。

2. 我国能源净进口量及对外依存度不断上升

我国能源资源消费的迅速增长导致能源净进口量增加,对外依存度提高。2002年,我国能源自给率达到99%;2009年,我国能源自给率为92%,下降了7%(图1-6)。

在我国能源资源进口中,石油和天然气越来越依赖国际市场。我国传统上是石油出口国。自1993年我国成为石油净进口国以来,石油净进口量逐年上升(图1-7),对外依存度不断提高(图1-8)。2010年,我国石油净进口量达到2.44亿t,占我国石油消费量的57.20%。

自2004年起,我国开始出口天然气。2006年,我国在出口天然气的同时,开始进口天然气,并且在2007年成为天然气的净进口国(图1-9)。2010年,我国天然气进口量达到129亿m³,并停止了天然气的出口。该年的天然气对外依存度达到11.99%。

我国曾是煤炭出口大国。2001年起至2004年,煤炭出口量每年达到1亿t,净出口量达到8 000万t(图1-10)。但是,此后煤炭出口量逐年下降,而进口量逐年上升。2009年起,煤炭净进口量超过1亿t,成为世界上主要煤炭进口国家。由于我国是世界上主要

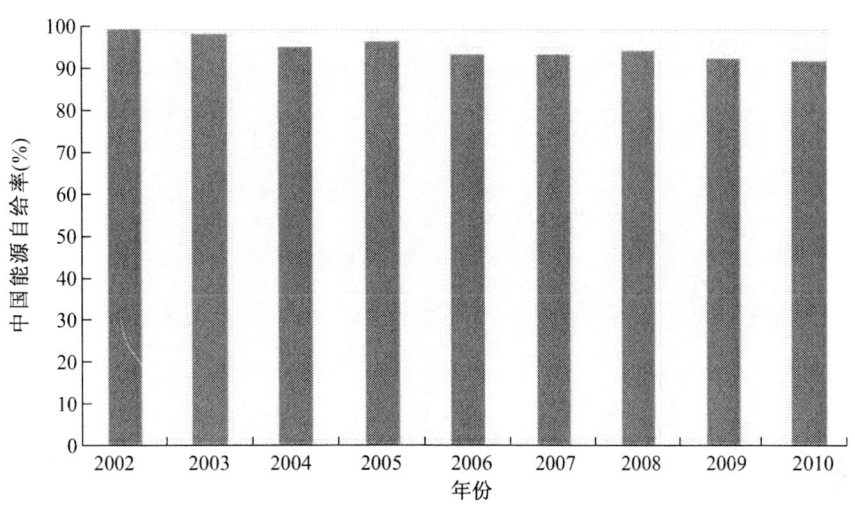

图1-6 中国能源自给率(能源生产量/一次能源供应量)

(资料来源:中国能源统计年鉴,各年)

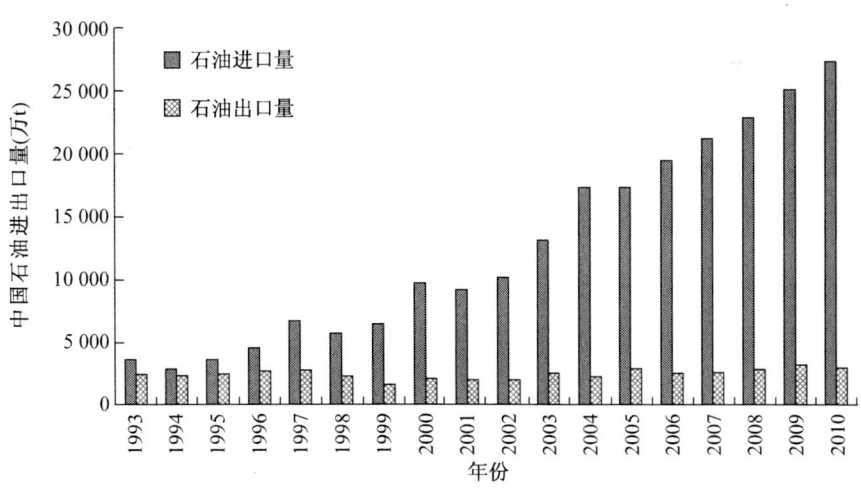

图1-7 中国石油进出口量

(资料来源:国家统计局,中国统计年鉴,各年)

煤炭生产大国,近年来产量达到30亿t以上,因而我国煤炭的对外依存度还比较低,约占5%。

3. 国际能源市场价格飙升

近些年来,国际石油价格飙升,引起了国际社会的高度关注。1993年我国首次成为石油净进口国,但是此后因为受亚洲金融危机的影响,国际原油价格一直处在每桶20美

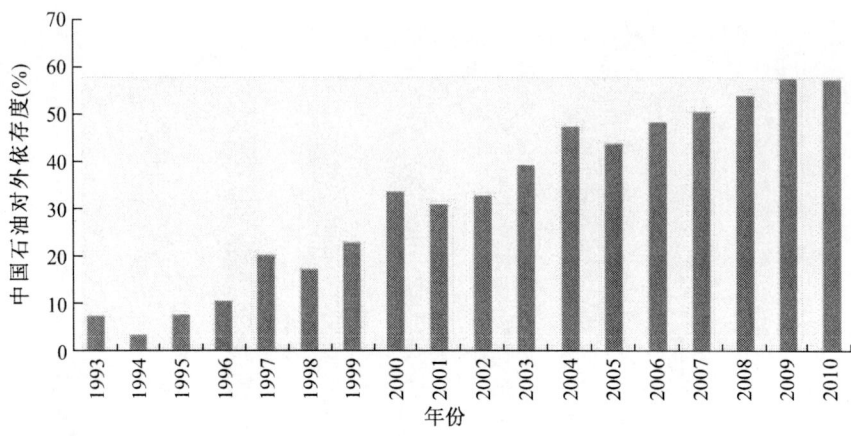

图 1-8 中国石油对外依存度

(资料来源:国家统计局,中国统计年鉴,各年)

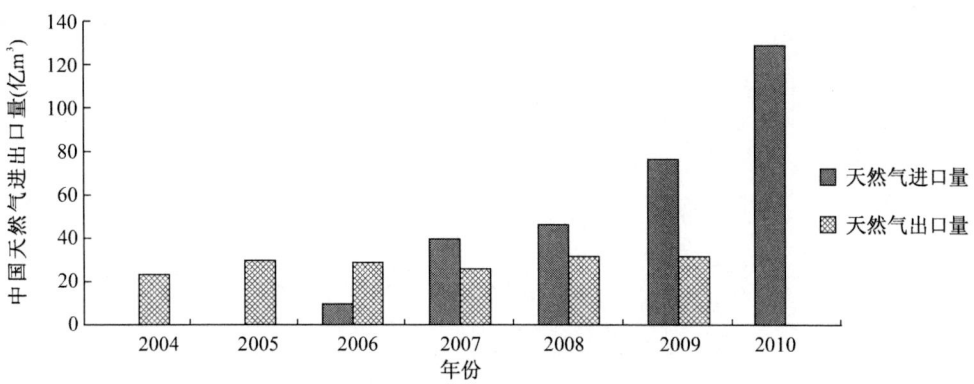

图 1-9 中国天然气进出口量

(资料来源:国家统计局,中国统计年鉴,各年)

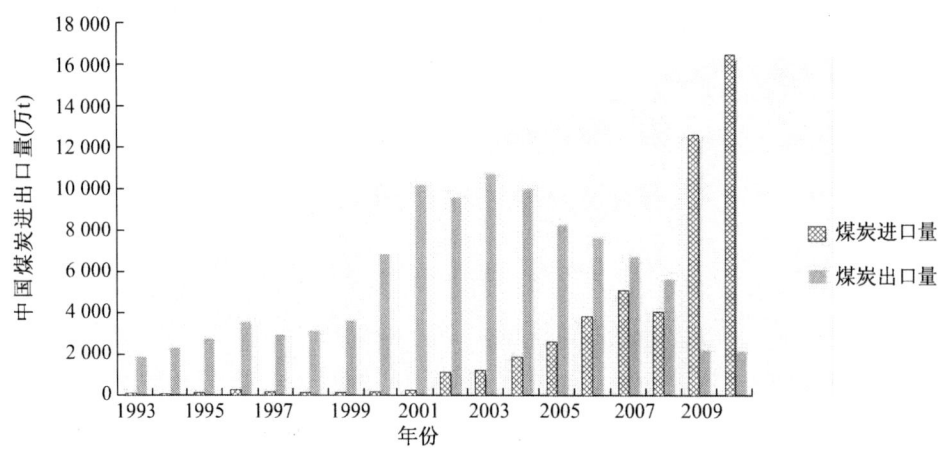

图 1-10 中国煤炭进出口量

(资料来源:国家统计局,中国统计年鉴,各年)

元左右的低位。进入21世纪以来,亚洲经济开始复苏,特别是2001年中国加入世界贸易组织以后,国际石油价格迅速飙升。2008年国际轻质原油价格突破每桶100美元(图1-11)。关于国际市场石油价格飙升的原因,国际社会通常将它归因于中国因素,认为是中国石油进口量的迅速增加导致了国际石油价格上涨。国际能源署(IEA)2008年《世界能源展望》(*World Energy Outlook*,简称WEO)认为,在全球石油消费量的增长中,中国占到了40%以上,而且这一趋势还会继续下去。

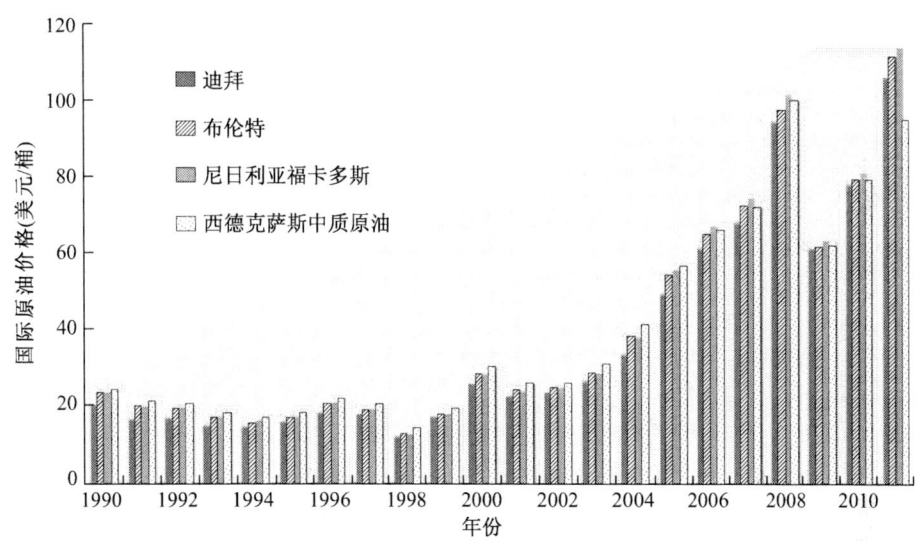

图1-11　国际原油价格

(资料来源:BP,Statistical Review of World Energy,June,2013)

进入21世纪以来,国际天然气的价格也有大幅飙升,从2000年的4美元每百万BTU(British Thermal Unit的简写,1BTU=1 055.056J)上涨到2008年的10美元,其中液化天然气(LNG)更是上涨到12美元(图1-12)。与国际石油市场不同,我国在国际天然气市场上进口量有限,不存在国际天然气市场上的中国因素。国际天然气市场并不像国际石油市场那样实现了高度的全球化贸易,而是形成了北美、欧洲和亚太三大地区性市场。北美地区天然气自给能力较强,市场发达,天然气价格由市场竞争所决定;亚太地区日本和韩国以进口LNG为主,价格多与原油挂钩;欧洲既有管输进口天然气,也有LNG,管输气价格由谈判确定,LNG主要挂靠原油。我国天然气进口既有LNG(主要从澳大利亚进口),也有管输气(主要从俄罗斯和中亚进口)。LNG的价格受国际石油价格的直接影响,而管输气价格的谈判也受到其他国家竞争的影响(例如日本)。这导致我国进口天然气的价格也呈快速上涨的趋势。

近年来国际煤炭价格也迅速上涨(图1-13)。2009年,我国成为煤炭的净进口国,净进口量达到1亿t。由于中国是世界第一煤炭生产和消费大国,中国煤炭进出口的微小变

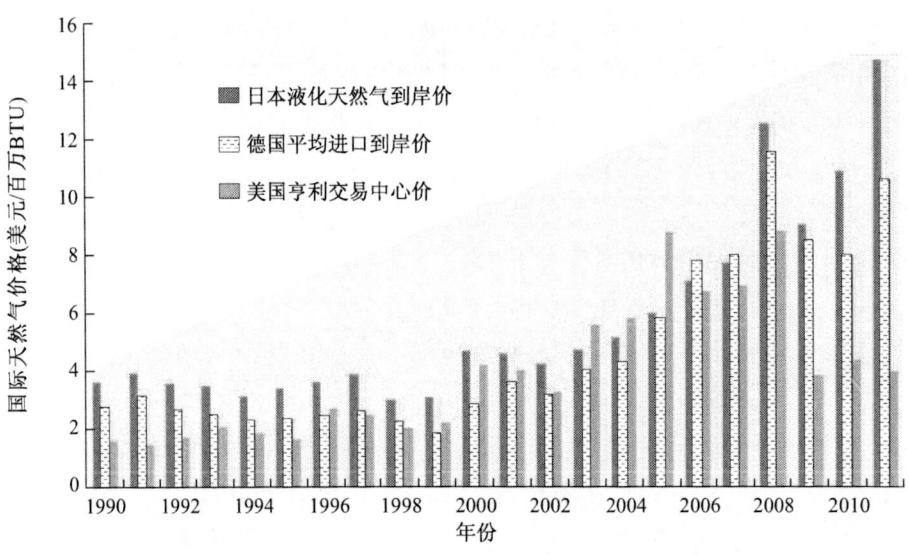

图 1-12 国际天然气价格

(资料来源:BP,Statistical Review of World Energy,June,2013)

化都会对国际煤炭市场产生重大的影响。2009 年全球煤炭产量约 70 亿 t,其中中国有 30 多亿 t;全球煤炭贸易量约 6 亿~7 亿 t,其中欧洲市场 2 亿多 t,亚太市场 3 亿多 t。当年中国煤炭 1 亿 t 的进口量不到中国消费量的 5%,却占到亚太地区贸易量的 30%。可以说,当国际市场预期中国将进口煤炭时,煤炭价格将趋于上涨;反之,当预期中国将出口煤炭时,煤炭价格将趋于下降。

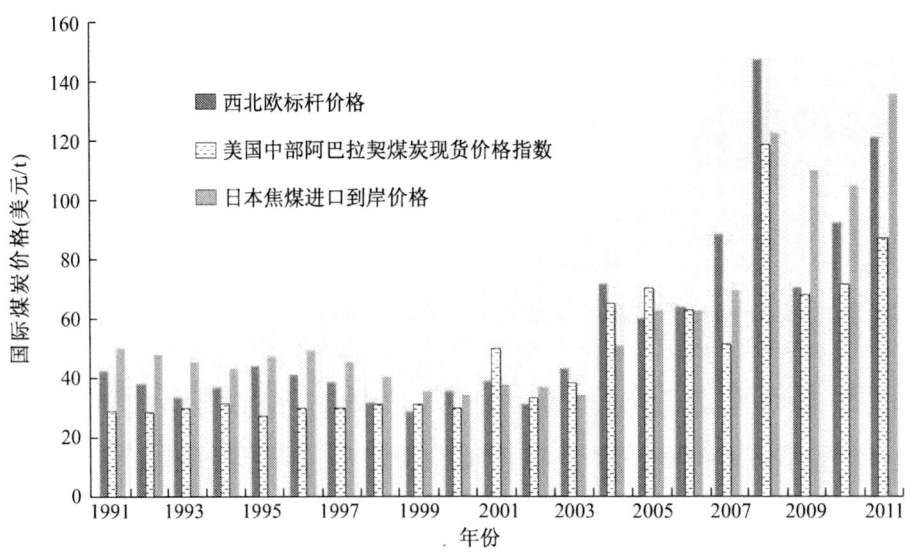

图 1-13 国际煤炭价格

(资料来源:BP,Statistical Review of World Energy,June,2013)

三、我国在温室气体减排上面临着严峻的挑战

我国能源资源消费量的迅速增长导致 CO_2 排放量也迅速上升[①]。2002年,我国 CO_2 排放量是36.9亿t;到2010年,我国 CO_2 排放量达到83.1亿t,9年间翻了一番多(图1-14)。在此期间,中国 CO_2 排放量占世界比重也由14.4%提高到24.7%,上升幅度超过了50%,平均每年上升1%(图1-15)。

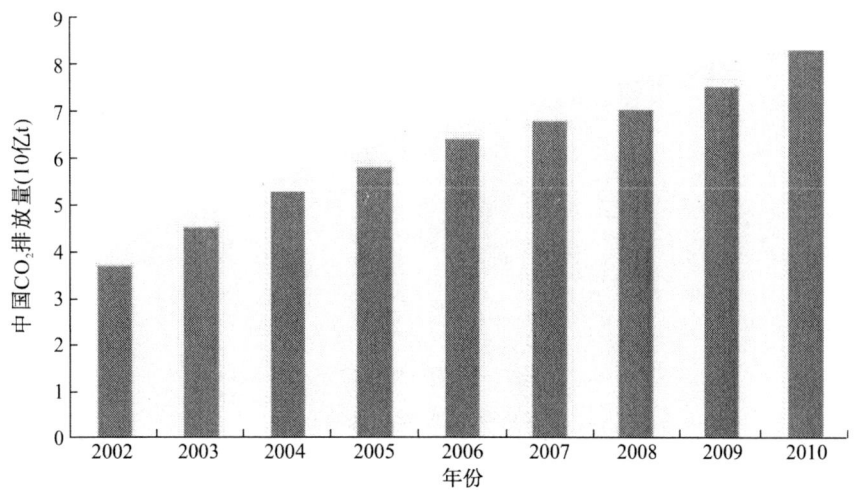

图1-14 中国 CO_2 排放量

(数据来源:世界银行网站)

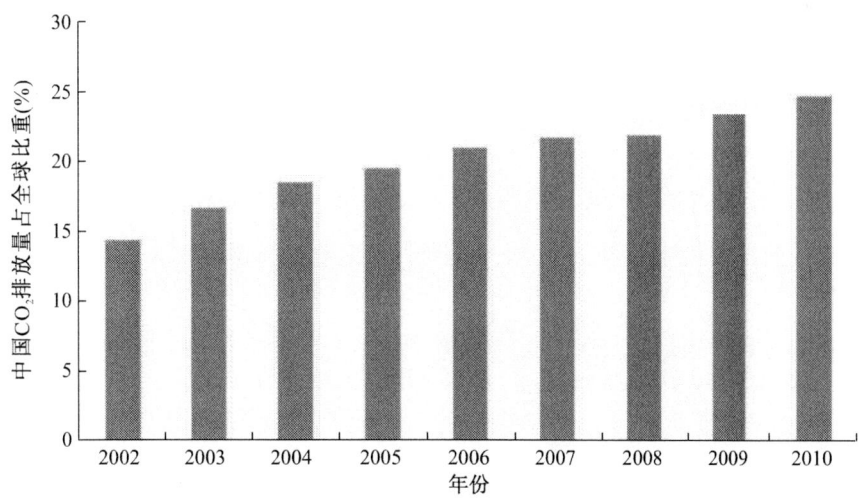

图1-15 中国 CO_2 排放量占全球比重

(数据来源:世界银行网站)

---

① 1994—2004年,中国 CO_2 排放量在温室气体排放总量中所占的比重由76%上升到83%,上升了7%。

从人均 CO_2 排放量来看,我国人均 CO_2 排放量也有快速增长。2002 年,我国人均 CO_2 排放量是 2.9t,低于当时世界人均 4.1t 的水平;2010 年,我国人均 CO_2 排放量达到 6.2t,高于当年世界人均 4.9t 的水平(图 1-16)。

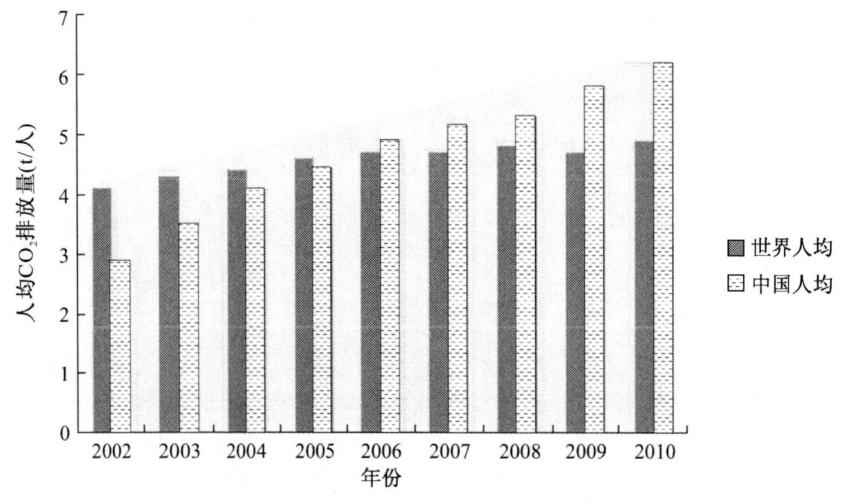

图 1-16　中国人均 CO_2 排放量及与世界人均水平的比较

(数据来源:世界银行网站)

中国 CO_2 排放量的迅速增长导致我国 CO_2 减排的压力也迅速增加。从最近几年召开的联合国气候变化大会来看,工业化国家要求以中国为代表的金砖国家(即 BRICS,包括巴西、俄罗斯、印度、中国和南非)承担减排责任。中国在 CO_2 减排上面临着严峻的挑战。

第二节　本项研究的主要内容和研究意义

一、本项研究的主要内容

本项研究中的重要能源资源是指,在我国当前和未来的能源资源消费构成中能占到显著市场份额(通常指 5% 以上)的能源资源,主要包括煤炭、石油、天然气(含煤层气等)、水能、风能、太阳能、生物质能、核能、地热能等。为了与国民经济和社会发展的长期目标(即到 21 世纪中叶,中国要达到中等发达国家水平)相一致,以及为了有效应对全球温室气体减排的长期目标(即到 2050 年,全球温室气体排放总量要在目前的水平上减少 50%)的压力,本项课题研究的时间段也定在 2050 年。

本课题研究的主要内容有:第一,2050 年我国总体能源和重要个体能源资源需求峰值出现的时间、数量和演化轨迹(要考虑多重峰值、唯一峰值和没有峰值几种可能性);第二,我国重要能源资源的供应路线;第三,我国因能源活动产生的温室气体排放。

二、本项研究的意义

研究中国重要能源资源需求峰值问题,有利于中国做好能源的安全供应。虽然中国煤炭资源总量较为丰富,但石油和天然气资源总量较少,人均能源资源占有量远低于世界平均水平。随着中国经济的快速发展,能源约束"瓶颈"问题反复显现。第一,能源供应过度依赖煤炭,不仅加重了环境和运输的压力,而且导致安全事故频繁发生。第二,部分能源对外依存度逐年提高,加大了安全供应的脆弱性。我国总体能源对外依存度并不高,但是品种结构矛盾比较突出,石油和天然气的供应越来越依赖国际市场。

第三节 国内外研究现状述评

能源是一国经济发展的重要物质基础。作为发展中的大国,中国是世界上主要能源生产和消费国之一,对国际能源市场有着重要影响。关于中国能源资源需求问题,国内外已经有了较多的研究。

一、我国能源资源需求的驱动因素

我国能源资源需求的驱动因素主要有人口和经济增长[国家发展和改革委员会能源研究所效率中心课题组,2004;国际能源署(IEA),2007;美国能源部能源信息局(EIA),2009]、工业化(史丹,1999;Rosen and Houser,2007)、城市化(牛文元,2009)、市场化(王彦佳等,1996;Ma,2009;Yuan,2010)和全球化(陈迎等,2008)等。

国家发展和改革委员会能源研究所效率中心课题组(2004)预测了2020年中国实现小康社会的能源需求,中间情景(即最接近现实的情景)的一次能源需求将达到29.0亿t标准煤,其中煤炭达到17.9亿t标准煤,石油8.0亿t标准煤,天然气1.9亿t标准煤,一次电力1.2亿t标准煤。国际能源署(2007)和美国能源部能源信息局(2009)分别预测了中国到2030年的能源需求,结论相似,根据参考情景的预测,中国的一次能源需求将在2005年的基础上翻一番多。

二、我国能源资源需求的限制因素

我国能源资源需求的限制因素主要有国内环境问题(World Bank,2003)和全球气候变化[Intergovernmental Panel on Climate Change(IPCC),2000;Vuuren et al.,2003;Chen,2005;姜克隽等,2009]等。

World Bank(2003)认为中国控制CO_2排放面临的挑战要比北美和欧洲更为严峻,主要是因为中国经济对煤炭依赖程度较高,而且煤炭的使用过于分散。IPCC(2000)的特别报告指出,全球气候变化影响人类的生存和发展,对经济社会的可持续发展带来了严重的挑战。Vuuren et al.(2003)认为,中国减缓碳排放的潜力巨大,与基准线情景相比有可能减少 50%。Chen(2005)指出,中国削减碳排放的成本相对较高,考虑到中国的经济发展水平,中国更现实的选择是在国内实施可持续的发展战略,并参与国际合作机制,而不是接受碳排放的上限。姜克隽等(2009)建议中国采用国际上的一些减排方式进行碳减排承诺,如 GDP 碳强度目标等。

三、我国能源资源需求的其他影响因素

我国能源资源需求的其他影响因素主要有政策(Lin et al.,2008;Jiang et al.,2008;朱永彬等,2009;Zhang et al.,2009)、技术(吴宗鑫等,2001)、财税金融体制(魏一鸣等,2006)、消费模式(Wei et al.,2007)和国际合作(段茂盛等,2003)等。这些因素既会影响能源需求,也往往会影响能源供给。

四、能源需求预测方法研究

常用的能源需求预测方法有计量经济方法(林伯强,2001)、可计算的一般均衡模型(CGE)(魏一鸣等,2006)、投入产出模型(陈迎等,2008)、情景分析方法(国家发展和改革委员会能源研究所效率中心课题组,2004;Chen,2005;牛文元,2009;姜克隽等,2009)等。

各种能源需求预测方法都有优点和缺点。利用计量经济方法进行能源需求预测的优点在于,通过直接以能源消费量对相关影响变量进行回归,较容易分析出相关影响变量的变动对能源需求的影响;其缺点在于,经济计量分析主要以历史经济规律为基础,对于复杂、非稳定发展的经济过程,计量经济模型往往难以模拟。CGE 的优势在于其坚实的理论基础,通过在经济的各个组成部分之间建立系统的数量联系,来考察经济某一部分的变动对其他部分的影响;其局限性在于对体制性的变化难以模拟,对非市场性的经济因素处理起来也有困难,同时,在处理具体的技术进步方面也有一定的局限。投入产出模型是 CGE 的简化形式,适合于整体性、结构性和系统性的综合宏观问题研究。情景分析是近年来国际上较流行的能源需求分析方法,所研究的是在一定假设条件下,被研究对象未来可能出现的情况,较适合于未来较长时间段的研究。情景分析法可以帮助使用者发现研究对象未来发展的很多可能性,使其更好地把握研究对象发展的方向。

综上所述,国内外对中国能源资源需求的研究较多,但是对中国能源资源需求峰值的研究还相对较少,且存在以下不足之处。第一,在影响因素上,尽管已有文献研究了中国碳减排潜力和承诺问题,但没有研究碳排放约束对中国能源资源需求峰值的影响;第二,在研究内容上,已有的研究较少考虑新能源和可再生能源资源的需求。

第二章 研究思路和方法

第一节 研究思路

对能源资源的需求,取决于终端能源服务需求与满足终端需求的中间转换过程。本课题研究的基本思路是:首先,对影响中国未来终端能源服务需求及其中间过程的关键因素进行系统、全面的分析;其次,采取合适的研究方法;再次,选择合适的模型工具;最后,对影响能源需求的关键因素进行情景分析。

在对现有的关于中国能源资源需求的研究成果进行综述的基础上,本课题提出以下影响中国未来能源资源需求的关键因素的基本框架(图2-1)。中国能源资源的需求受中国人口、经济增长、工业化、城市化、市场化和全球化等因素的驱动,并受到国内环境问题和全球气候变化的限制,在保障经济社会发展优先目标的前提下,这些限制因素反过来会影响政策、技术、财税金融体制、消费模式、国际合作等其他因素,进而影响终端能源服务需求和能源资源与中间转换过程。对能源资源的需求可以看作是对终端能源服务需求的派生需求。

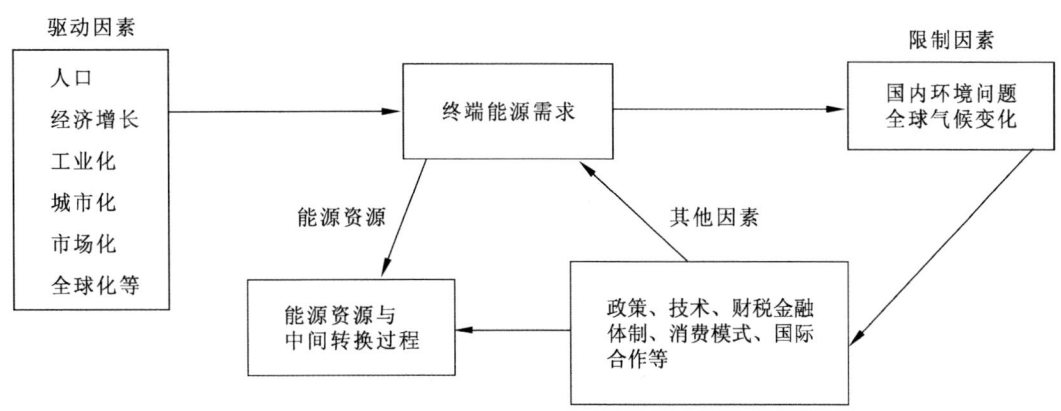

图2-1 中国能源资源需求影响因素的基本框架

终端用能需求既可以按部门分解,也可以按品种划分。按部门分解,终端用能需求可以分为工业用能需求、交通用能需求、农业用能需求和建筑物用能需求等。按品种划分,满足终端能源服务需求的能源品种又包括电力、成品油、天然气等(图2-2)。

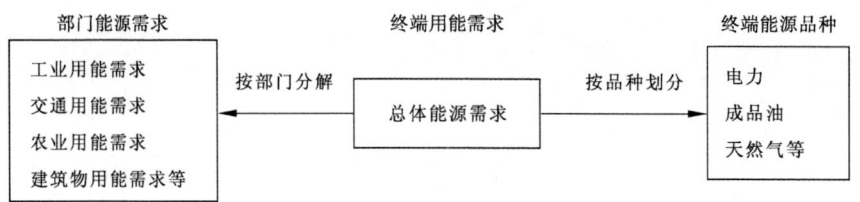

图 2-2 终端用能需求的部门和品种构成

部门能源需求的影响因素有部门经济活动水平、产品结构等(图 2-3)。部门经济活动水平取决于 GDP 增长速度。产品结构指该部门的产品构成。如果高耗能产品比重大，则该部门的能耗就高。

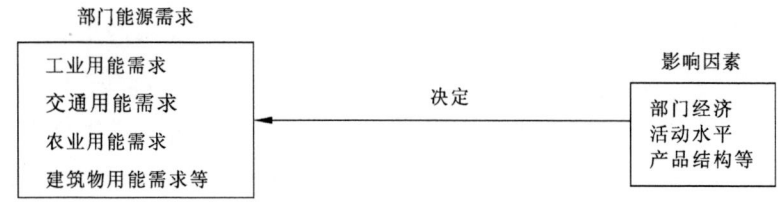

图 2-3 部门能源需求的决定因素

第二节 模 型

一、模型的建立

模型是对现实的模拟，通常由一组方程构成。本项目的建模思路是采用优化方法，即能源系统在满足终端能源服务需求的条件下，使能源系统的成本最低①。

终端能源服务需求总量受到人口、经济、工业化、城镇化等因素的影响，即

$$D = f(人口、经济、工业化、城镇化等) \tag{2-1}$$

终端能源服务需求按用途可以分解为居民生活需求、产业需求、交通需求等，即

$$D = \sum D_i \tag{2-2}$$

式中，i 表示第 i 个部门。

第 i 个部门的能源服务需求受到该部门经济活动水平、产品结构等因素的影响，即

$$D_i = f(经济活动水平、产品结构等) \tag{2-3}$$

每个部门的发展趋势、经济活动水平以及在国民经济中的比重受到人口增长、经济发展、工业化、城镇化等因素的影响。

---

① 注意区分一次能源的需求和终端能源的需求的不同。一次能源资源经过加工、转换和利用等技术环节都会有能量的损失。终端能源服务又被称为有用能。

满足终端能源服务需求的能源按品种可以分为电力、石油、天然气等,即

$$D = \sum D_j \quad (2-4)$$

式中,j 表示满足终端能源服务需求的第 j 种终端能源消费品种。同一终端能源消费品种可能来自不同的部门,例如几乎所有终端能源服务需求部门都消费电力提供的有用能。因此,终端能源消费品种是按照不同的部门加总而成的。

终端能源服务需求得到满足,意味着终端能源服务需求总量不超过能源服务供给总量。由于要使能源供应系统成本最低,此处取能源服务需求总量恰好等于能源服务供给总量,并且能源品种要相一致,即

$$D = S \quad (2-5)$$

且

$$D_j = S_j \quad (2-6)$$

满足终端能源服务需求的第 j 种终端能源品种的供给离不开资源、技术和投资等因素,即

$$S_j = f(资源、技术、投资等) \quad (2-7)$$

从技术上来讲,第 j 种终端能源品种可以来自不同的能源资源,例如电力可以来自煤炭燃烧,也可以来自水能或者核能,即不同的能源资源之间存在着替代或竞争关系。

第 j 种终端能源品种的供应成本包括初始投资、燃料成本、运营和维护成本、排放成本等,即

$$C_{sj} = \sum(初始投资、燃料成本、运营维护成本、排放成本等) \quad (2-8)$$

在满足终端能源服务需求的条件下,使能源系统的供应成本最小化,即

$$\min \sum_j C_{sj} \quad (2-9)$$

式(2-9)是目标函数。受到的约束条件包括投资约束、排放约束等。

本书的模型由式(2-1)~式(2-9)构成,并包括约束条件。在此目标和约束条件下,计算对不同能源资源的需求。

二、模型参数的设定

如上所述,本书的能源需求分析是从研究产生能源消费的经济活动开始,通过分析这些活动的发展水平和趋势,得到由这些活动提出的终端能源服务需求,再结合相应的满足该能源服务需求的不同能源技术及其发展趋势,计算成本最小化条件下的对能源资源的需求。

未来经济活动的发展以及能源技术的变化,都是在现有条件的基础上演变发展的。对描述现有情况的各种参数和数据进行核实及标定是研究的一个重要工作。各种技术参数的确定一般需要从两方面进行考虑。第一是技术分析,从技术层面进行,研究当前实用技术;第二是统计数据分析,从经济和能源统计数据方面进行分析。行业部门的综合经济活动及相关能源消耗的现实统计记录,是各种具体的经济活动和相关技术过程的相互作用效果的客观反映。但是,如果技术分析加总数据和能源统计数据不尽相同时,需要用现

有的经济和能源统计数据对模型中采用的各种技术及经济参数进行校验。这种校验也称为模型参数标定。

三、模型工具的选择

由于模型涉及的变量和方程较多、时间段较长，而且能源系统本身也较为复杂，包括能源资源的开采、加工转换和最终利用技术，因此，模型的求解将采用计算机程序软件来进行。国际能源机构（IEA）下属的相关部门开发了 MARKAL 模型软件，用于模拟一个国家或地区的能源系统在未来较长时期里（通常是40~50年）的演化轨迹，在国际上得到了普遍的应用（Chen，2005）。与现有的模型相比，MARKAL 模型处理温室气体减排因素的能力更强，能按照最小成本的原则自动计算碳减排路径，并能实现从能源系统向经济系统的反馈[①]。本项研究将采用 MARKAL 软件进行求解。

第三节　情景分析方法

由于影响中国重要能源资源需求的因素未来发展呈现出不确定性，因此本项研究将采用情景分析方法。情景分析方法通过设定影响中国能源资源需求的驱动因素、限制因素或其他因素未来的不同情景，来计算和分析中国能源资源需求峰值的可能状况。

情景分析的步骤可以分为情景设定和情景计算两个阶段（图2-4）。情景设定是得到定量的综合情景计算结果的必要前提。情景设定需要首先明确所关心和所要进行研究的情景具有什么样的特点，并对这些特点进行完整的定性描述；然后按照定性描述所构筑起来的框架，对一些关键因素设定量化目标。

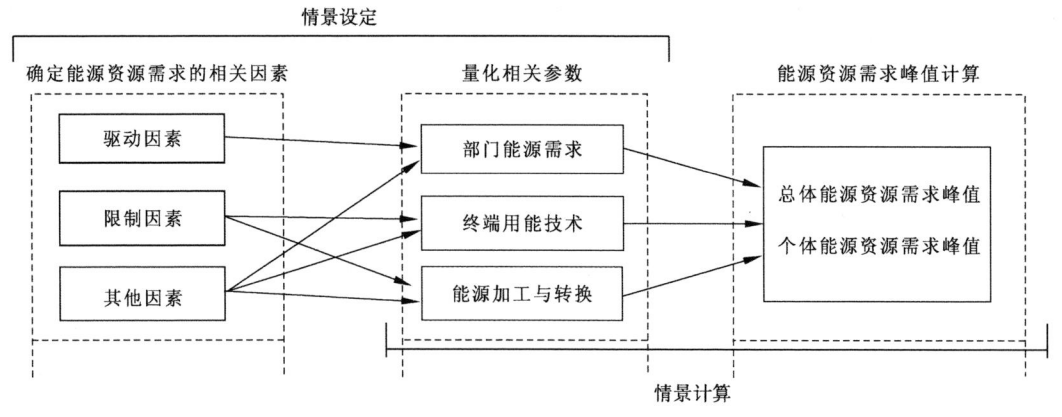

图2-4　能源资源需求峰值的计算过程

[①] Mark Howells 等（2002）比较了一般均衡模型、投入—产出模型、优化模型和模拟模型的特点。

本项研究主要预测中国至 2050 年重要能源资源需求峰值状况,特别是要考察不同温室气体减排政策对能源资源需求峰值的影响。依据温室气体减排政策的不同,本项研究设置 3 种能源资源需求情景。第一种情景是基准情景(BAU),即自愿减排(即碳排放强度下降)情景。中国政府做出了到 2020 年单位 GDP CO_2 排放量比 2005 年下降 40%～45%的承诺。第二种情景是 2030 年起强制减排(即碳排放总量减少)情景。2009 年 9 月 24 日,国务院发展研究中心副主任刘世锦在北京提出,中国碳排放的峰值期会在 2030—2040 年之间到来,并倡议建立全球碳减排责任体系,排放权分配应以"人均历史累计排放"为基础。第三种情景是 2020 年起强制减排(即提前强制减排)情景。在 2011 年南非德班气候变化大会上,国家发展和改革委员会副主任、中国代表团团长解振华宣布,中国愿意有条件接受 2020 年后的量化减排协议,但前提是发达国家必须签署《京都议定书》第二承诺期;尽快启动绿色气候基金,建立监督和执行机制;落实适应、技术转让、森林、透明度、能力建设等共识;加快对各国兑现承诺、落实行动情况的评估;坚持"共同但有区别的责任"、公平、各自能力的原则,确保环境的整体性。

第四节 重点难点

一、重点

本项研究的重点是:第一,2050 年中国重要能源资源需求峰值的可能状况,以及采取不同的温室气体减排承诺方案对重要能源资源需求峰值的影响;第二,中国重要能源资源的供应路线。

二、难点

本项研究的难点是:第一,对影响中国能源资源需求的各关键因素的未来情景的设定是否准确和完整;第二,对不同的能源资源之间存在的替代关系的处理;第三,中国采用的数据统计方法通常与国外采用的方法不尽相同,给数据库的建立增加了难度。

第五节 终端能源需求的部门划分

目前我国的能源统计系统中的部门划分与国际通行的能源消费部门划分不完全相同。我国一般采用一、二、三产业加民用的分类方法(图 2-5),工业部门的统计相对比较系统和详细,其他部门的统计则相对比较粗。产业部门的能源统计中除了生产和生产辅助部门的产值及用能外,有时也包括企(事)业所属的非生产部门的产值和用能。为了使能源情景分析能够突出反映不同能源用途的特性,也考虑到相关能源消费技术参数的可获得性,本项目在国家统计年鉴的部门分类基础上,进行了能源消费部门的必要调整:首先是在工业中突出高耗能行业；其次是将交通运输部门扩大，将其他行业中的交通工具用能包括进来；最后是将民用部门分为城市和农村，加以区别对待。

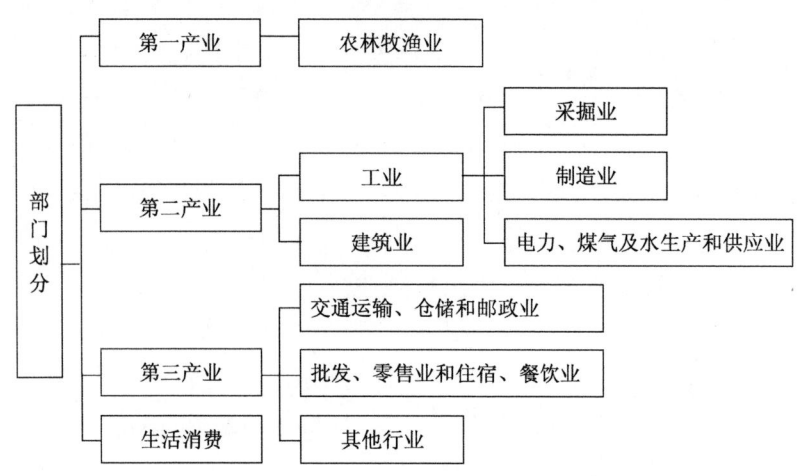

图 2-5 中国统计系统部门划分

在中国的国家统计体系中，交通运输业仅包括对从事运营的交通运输企业的统计，相应的能源消费统计量也只包括其运输工具的燃料消费，而不包括非运营的企事业单位和私人所拥有的交通工具能源消费统计。这部分交通工具的能源消费包含在这些企事业单位和私人所属其他生产部门及民用部门中。这与国外能源消费统计中对交通运输用能部门的定义差别比较大。在许多国家经济发展过程中，交通用能已远远超出专业运输行业的范围。除了生产部门的自有交通工具外，非生产民用车辆的用能已成为主要的能源用途。为了便于分析今后中国在广义交通用能方面的发展和能源需求，本项目在情景分析中，对交通部门的界定采用国外大交通的概念，即交通部门包括所有的交通运输工具。据此在情景分析中对所采用的国家统计年鉴中交通运输能源消费数字进行修正。根据各产业部门的具体情况，将该产业部门的汽油消费的全部、柴油消费的一部分或大部分，将商业和民用的绝大部分汽油和柴油消费划入交通运输部门的能源消费。

中国城镇和农村发展存在着比较大的差别。目前城镇和农村的居民能源消费水平及消费方式都有很大的不同，未来城镇和农村的居民能源消费的选择和发展趋势还会有所差别。为了反映出这种情况，在情景分析中将民用部门分为城镇居民和农村居民两个子部门。

经过上述调整以后，在大的产业结构划分上基本与国外在进行能源研究时常用的部门划分一致，为进行研究结果的国际比较提供了方便。情景分析包括产业部门、交通运输和商业/民用部门(图 2-6)。其中，产业部门又分为农业、工业和建筑业；在工业部门中，又分为高耗能行业、轻工业和制造业。表 2-1 罗列了本项目研究的部门划分与国家统计局行业划分的相同点和不同点。

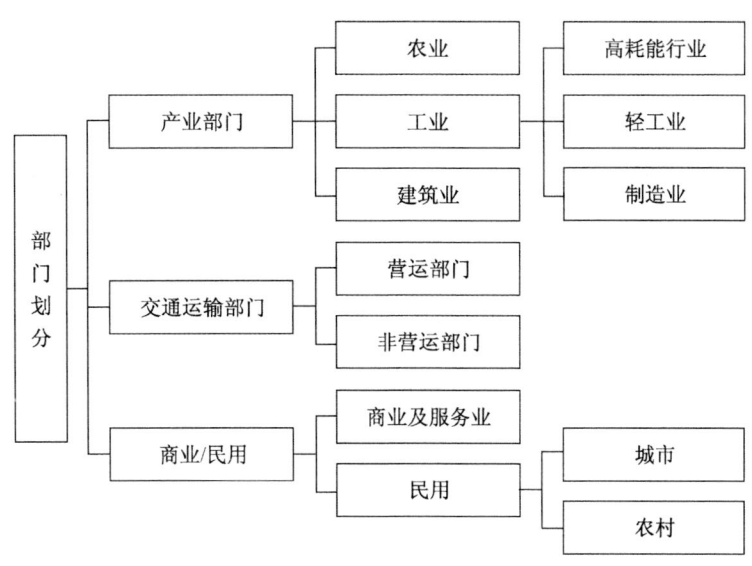

图 2-6 本项研究的部门划分

从中国的能源消费数据来看,按中国统计系统划分的部门能源消费和本项研究对行业划分的能源消费有着显著的差别。第一,在按中国统计系统划分的部门能源消费量中,制造业一家独大,目前占工业用能的80%以上和所有部门能耗的60%以上(图2-7);在按本项研究划分的行业能源消费量中,高耗能行业一家独大,目前也几乎占到工业能耗的80%和全部行业能耗的60%(图2-8)。高耗能行业除了采掘业、电力煤气及水生产供应业外,突出了制造业中的六大高能耗部门,即造纸业、石油加工及炼焦业、化学原料及制品业、非金属矿物制品业、黑色金属冶炼及压延业、有色金属冶炼及压延业。由于高耗能行业包括的部门远比制造业要少(表2-1),这为本项研究提供了便利。第二,交通用能有

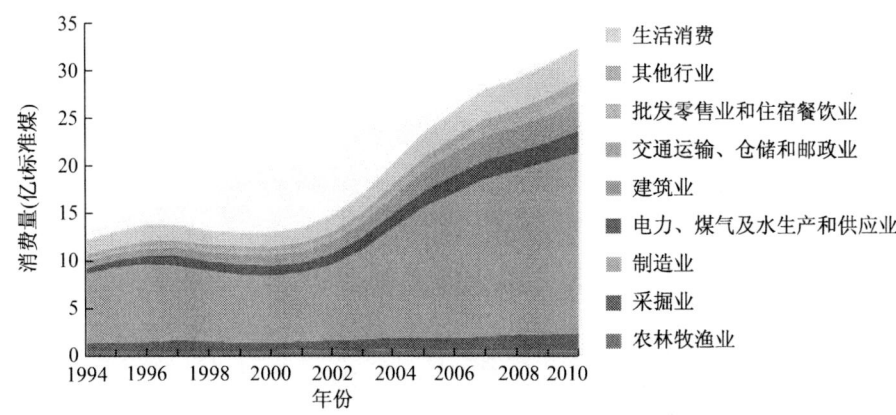

图 2-7 按中国统计系统划分的部门能源消费量

注:采掘业、制造业、电力煤气及水生产和供应业属于工业,见表2-1。

表 2-1 本项研究的部门划分与国家统计年鉴部门划分的对应关系

国家统计年鉴的行业划分			本项研究对行业划分的调整				
农林牧渔业			农林牧渔业				
工业	采掘业	1.煤炭采选	产业部门	工业	高耗能行业	能源采掘	1
		2.石油和天然气开采					2
		3.黑色金属矿采选				钢铁	3
		4.有色金属矿采选					26
		5.非金属矿采选				建材	5
		6.其他矿采选					25
	制造业	7.食品加工				有色	4
		8.食品制造					27
		9.饮料制造				基础化工	6
		10.烟草加工					20
		11.纺织				造纸	16
		12.服装及其他纤维制品制造				炼油	19
		13.皮革毛皮羽绒及其制品					36
		14.木材加工及竹藤棕草制品				电力	37
		15.家具制造					38
		16.造纸及纸制品				轻工业	7
		17.印刷业记录媒介的复制					8
		18.文教体育用品制造					9
		19.石油加工及炼焦					10
		20.化学原料及制品制造					11
		21.医药制造					12
		22.化学纤维制造					13
		23.橡胶制品					14
		24.塑料制品					15
		25.非金属矿物制品					17
		26.黑色金属冶炼及压延					18
		27.有色金属冶炼及压延					21
		28.金属制品					22
		29.通用设备制造					23
		30.专用设备制造					24
		31.交通运输设备制造				制造业	28
		32.电气机械及器材制造					29
		33.电子及通信设备制造					30
		34.仪器仪表文化办公用机械					31
		35.其他制造业					32
	电力、煤气及水供应	36.电力热力生产和供应					33
		37.煤气的生产和供应					34
		38.水生产和供应					35
建筑业			建筑业				
交通运输、仓储和邮政业			交通	交通运输、仓储和邮政业			
批发、零售业和住宿、餐饮业			居民/商用	商用	批发零售业、住宿餐饮业及其他行业		
其他行业				居民	城市		
生活消费					农村		

明显增加。在按中国统计系统划分的部门能源消费量中,目前交通运输部门占全部能耗的8.5%左右,而在本项研究的大交通中,目前交通用能占全部用能的比重上升到12%左右,提高了约40%。

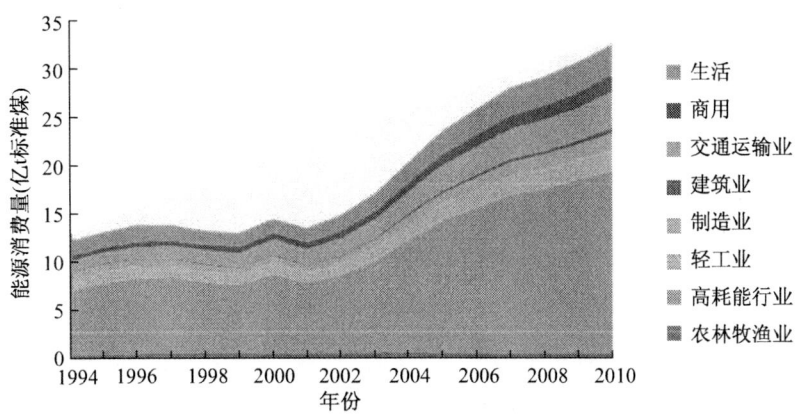

图2-8 本项研究对行业划分的能源消费量

注:划分的标准见表2-1。

第六节 能源流量图

能源流量图是将能源资源本国供应、能源进出口、能源最终用途联系起来的流程图。图2-9表示按本项研究部门划分方法统计的能源流量图。按照本项研究的部门划分方法,2010年我国共生产能源资源27.97亿t标准煤,进口5.49亿t标准煤(其中石油进口4.09亿t标准煤),出口0.78亿t标准煤(其中出口石油0.48亿t标准煤),国内共消费30.50亿t标准煤;在终端部门消费中,居民生活消费了3.16亿t标准煤,商业消费了1.75亿t标准煤,产业消费了21.87亿t标准煤,占全部能源消费量的70%左右,交通运输消费了3.72亿t标准煤。终端部门消费量与传统统计方法有所不同。

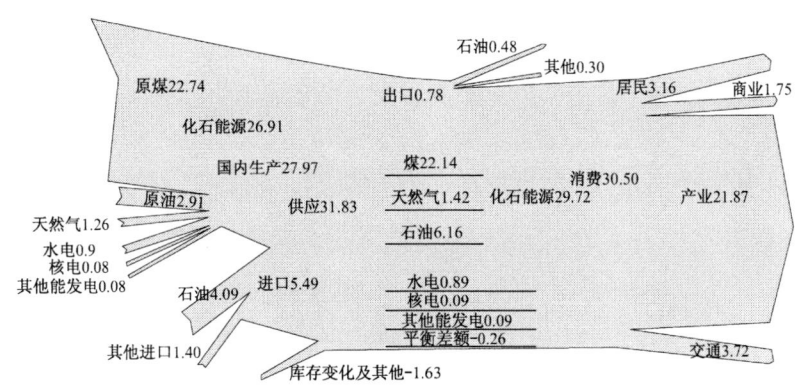

图2-9 2010年我国能源流量图(单位:亿t标准煤)

注:①不包括生物质能的传统利用;②其他能包括风能、生物质能、太阳能、地热能等。

第三章 能源需求的影响因素分析与未来发展趋势

对能源资源的需求取决于对终端能源服务的需求以及能源加工和转换过程。影响终端能源服务的需求以及能源加工和转换的因素可以分为3类,即驱动因素、限制因素和其他因素。

第一节 驱动因素

驱动因素包括人口、经济增长、工业化、城市化、市场化和全球化等。它们都影响对能源的需求。

一、人口因素

1. 历史回顾

中国是世界上人口最多的国家。2010年底中国人口达到13.4亿人,约占世界人口的1/5。自从中国实施计划生育政策以来,人口的高出生率逐步得到控制。从图3-1可以看到,进入20世纪90年代以后,随着计划生育工作的不断加强和完善,20世纪80年代人口的高出生率得到控制,并持续稳步下降。1991年人口出生率为19.7‰,2010年降至

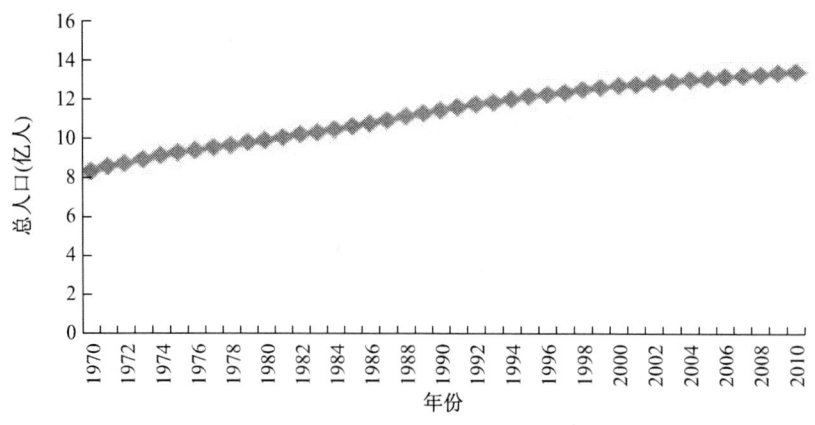

图3-1 1970—2010年中国人口演变状况

(数据来源:国家统计局.中国统计年鉴,2011)

11.9‰,19年间降低了0.78%,并一直稳定在低水平上。1998年人口自然增长率首次降到10‰以下。从2000年开始,年净增人口低于1 000万,中国人口进入平稳增长阶段。

但是,另一方面,中国人口的年龄结构也开始向老龄化过渡。2010年全国1%人口抽样调查数据显示,中国65岁及以上人口比重显著上升(表3-1)。全国人口中,0～14岁的占总人口的16.6%,15～64岁的占总人口的74.53%,65岁及以上的占总人口的8.87%。与2000年进行的全国第五次人口普查相比,0～14岁的人口比重下降了4.29%,65岁及以上老年人口的比重上升了1.91%。今后,老年人口的比重将在较长时期内持续上升。

表3-1 六次全国人口普查人口年龄结构情况 (单位:%)

各年龄组	1953年	1964年	1982年	1990年	2000年	2010年
0～14岁	36.28	40.69	33.59	27.69	22.89	16.60
15～64岁	59.31	55.75	61.50	66.74	70.15	74.53
65岁及以上	4.41	3.56	4.91	5.57	6.96	8.87

数据来源:国家统计局,中国统计年鉴,2011年。

2. 未来展望

根据联合国经济与社会事务部(UNDESA)的研究结果,到2050年全球人口将达到90亿人,其中有30亿人口增长来自发展中国家,其中中国人口在2030年前后达到高峰,而印度将在2030年以后成为全球人口最多的国家;发达国家总人口将基本不变,德国、日本、俄罗斯的人口将会有比较明显的下降。

国内机构和学者也对2050年中国人口的演变作了展望和预测。一般而言,2000年之前所作的预测均认为,中国人口高峰值出现在2040年前后,峰值人口均在15亿人以上,2050年人口依然在15亿人以上;并且预测年份越早,中国的峰值人口越高,最高接近16亿人;2000年以后所作的预测,则根据2000年第五次人口普查进行了调整,他们普遍认为,中国的人口总量高峰将提前到来,峰值也有所削减。预计2030年前后人口达到高峰,为14.6亿～15亿人;随后人口转入负增长,2050年可能降至14亿人左右(白泉,2009)。

无论是何种预测,未来一段时期中国人口缓慢增长将是必然趋势,中国未来经济社会发展将面临老龄化的挑战。按国际通行的标准(65岁以上人口的比重占10%),中国将在2020年前后迈入老龄化社会。

3. 本研究假设

根据近些年来绝对人口增长量和增长率逐年下降的趋势,预计中国人口高峰值在2035年左右,为14.7亿人,2050年维持在14.4亿人左右的规模(表3-2)。

表3-2 2050年中国人口展望

年份	2010	2020	2035	2050
总人口(亿人)	13.4	14.1	14.7	14.4
人口增速(‰)		4.0(2010—2020年)	3.0(2020—2035年)	-1.4(2035—2050年)

二、经济增长

1. 历史回顾

邓小平同志早在1987年就为中国未来中长期经济社会发展勾画出了战略目标。邓小平同志提出了"三步走"的经济发展战略目标,即:第一步,到20世纪80年代末,实现人均国民生产总值比1980年翻一番,解决人民的温饱问题;第二步,到20世纪末,使人均国民生产总值再增长一倍,人民生活达到小康水平;第三步,到21世纪中叶,人均国民生产总值达到中等发达国家水平,人民生活比较富裕,基本实现现代化。这成为新时期党和政府及全国各族人民奋斗的总目标。

改革开放以来,中国的经济获得了快速的发展。改革开放初期,即1978年,中国GDP按当年价格水平计算仅3 600亿元人民币;到2010年,中国GDP总量按当年价格水平达到近40万亿元人民币(图3-2)。按不变价计算,年均增长率达到了9%(图3-3)。

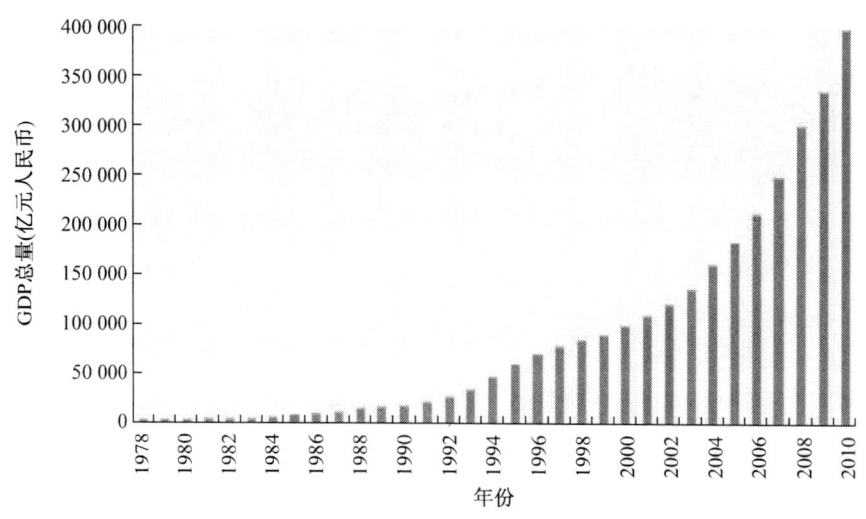

图3-2 中国GDP增长现状回顾

(数据来源:国家统计局,中国统计年鉴,2011)

注:当年价格水平。

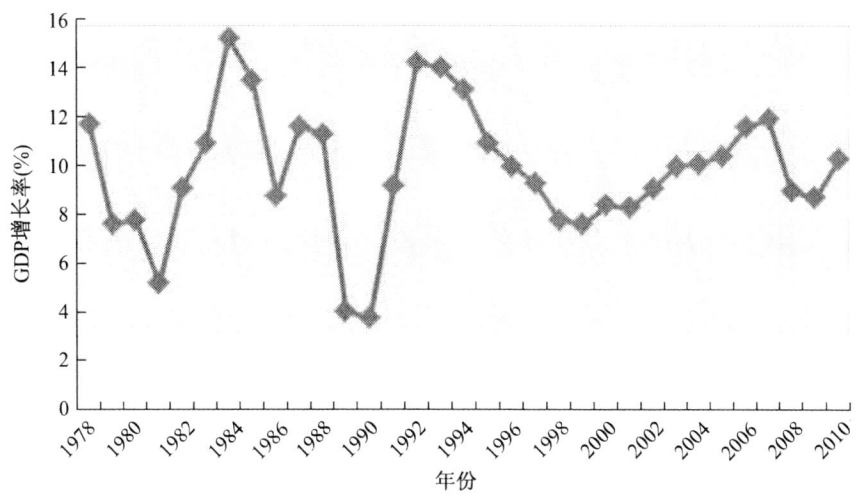

图 3-3 中国 GDP 增长率

（数据来源：国家统计局，中国统计年鉴，2011）

注：按不变价计算。

中国保持 30 余年的高增长率，在世界各国的经济发展史上非常罕见。经过 30 余年的持续发展，中国经济总量按汇率折算，已经达到 6.3 万亿美元，仅次于美国，成为世界上第二大经济体。

2002 年中国共产党第十六次代表大会，明确提出了"全面建设小康社会，在优化结构和提高效益的基础上，人均国内生产总值到 2020 年力争比 2000 年翻两番"，并且提出"到 2020 年基本上实现工业化"的奋斗目标。全面建设小康社会，意味着越来越多的农村人口将进入城市，城市化进程将大为加速。到 2020 年中国基本实现工业化，意味着工业生产的规模仍要持续扩大。代表工业生产的第二产业今后一段时期仍将成为经济增长的主角。

2. 未来展望

对今后一段时期中国经济能不能持续高速增长，学术界历来有乐观和悲观两派。

乐观派认为中国有巨大的市场潜力，劳动力供给充分；储蓄率、投资率很高；人均 GDP 还很低，产业结构层次也低，就业结构层次更处于较低阶段，中国完全有可能再维持 10～20 年的经济高速增长。

悲观派则认为，中国经济增长受到许多因素的限制，如农民收入水平低、人口红利下降、人均自然资源少、环境保护任务重、国际竞争力低。特别是由于中国的崛起，中国经济增长的外部力量正在发生变化，掣肘的因素会越来越多，中国很难继续保持目前的增长速度。

表 3-3 罗列了中外专家、学者对未来几十年中国经济发展的预测结果。总体来看，中国学者对中国经济发展前景比较看好，而国外机构则更多地考虑了中国经济发展面临的制约和挑战，预测结果要低于中国学者，但中国依然是同期世界经济增长速度最快的国家之一。

表 3-3 中国经济增长预测汇总　　　　　　　　　　　　　　（单位:%）

研究者 \ 年限	2010—2020	2020—2030	2030—2040	2040—2050
中国社会科学院李京文等(1999)	6		4～5	
北京国民经济研究所王小鲁(2000)	6.22			
国务院发展研究中心王梦奎等(2002)基准情景	6.6	5.4	4.5	3.4
北京大学刘伟等(2004)	6.5～7.5			
清华大学(2004)	6.18	4.76		
国家信息中心梁优彩等(2002)	7.3	5.5	5.0	4.5
世界银行(WB)	5.6			
国际能源署(IEA)《世界能源展望2007》	7.7	4.9		
高盛公司(2003)	5.45 (2005—2015)	4.35 (2015—2030)	3.55	

资料来源:转引自2050年中国能源和碳排放研究课题组,2009。

3. 本研究假设

参照上述机构对中国未来经济发展的判断,同时结合 2020 年达到"全面建设小康社会的发展目标"和 2050 年达到"中等发达国家水平"的远景目标,本课题对 2050 年中国经济增长做出假设(表 3-4)。2050 年达到"中等发达国家水平"意味着届时中国人均 GDP 有可能达到 3 万美元。

表 3-4 中国未来经济发展展望

年份	2010	2020	2030	2040	2050
GDP(万亿元)	39.8	79.6	143.3	215.0	286.0
GDP(万亿美元)	6.4	12.8	23.0	34.5	45.9
年均增速(%)		7(2010—2020)	5.5(2020—2030)	4(2030—2040)	3(2040—2050)

注:人民币兑美元汇率按 1 美元=6.3 元人民币。

在改革开放的初期,中国利用廉价的劳动力和后发优势,通过开发区或者工业园区建设和物质资本的扩张,实现了较高的经济增长速度。然而,在中国人均收入达到 5 000 美元以后,中国与工业化国家的技术差距在逐渐缩小,过去那种外延式经济增长模式难以持续下去。中国未来的经济增长将主要依靠人力资本的形成和技术创新来推动。世界范围的经济发展实践表明,当新兴国家经济发展水平日益接近发达国家时,其经济增长速度将逐渐下降(高杰,等,2012)。

三、工业化

1. 历史回顾

以工业为主的第二产业是中国改革开放以来经济社会发展的持续推动力。伴随着"十五"计划以来,中国进入工业化中期阶段,第二产业对国民经济的贡献率占到50%左右(图3-4)。

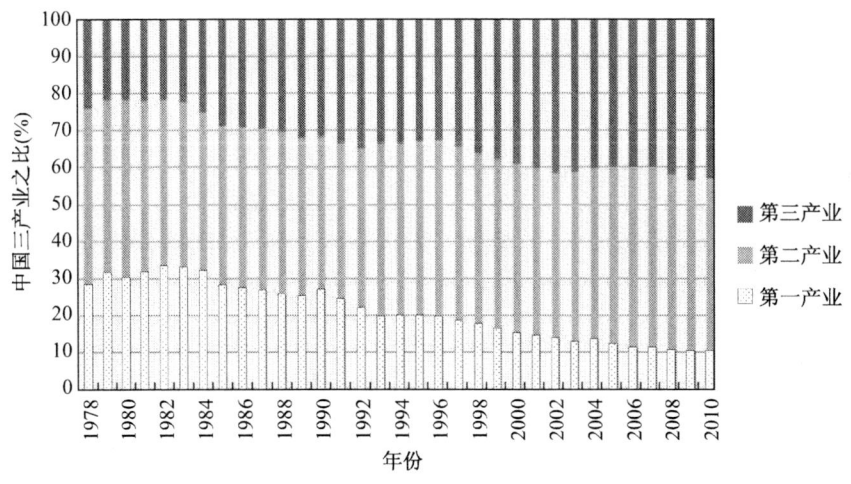

图3-4 中国三产业之比

(数据来源:国家统计局,中国统计年鉴,2011)

从具体的工业生产能力来看,主要工业品产量持续翻番(表3-5)。到2000年,中国已经成为名副其实的工业生产大国,主要工业品产量都居世界前列。目前,中国的粗钢、煤、水泥、化肥、棉布、电视机产量均居世界首位,其中,粗钢产量由2000年的1.29亿t增加到2010年6.37亿t;水泥产量从2000年的5.97亿t增长到2010年的18.82亿t等。

工业化与经济发展水平密切相关。按照经济发展状况和科技水平,可以将世界经济分为4种类型:工业化前的经济、工业化前期、基本实现工业化、后工业化经济。相对应地,在工业化前的经济,第一产业占主导地位,现代工业处于萌芽状态;第二种经济类型的结构特征是第一产业比重仍占有重要地位,第二产业比重明显上升;第三种经济类型,第二产业占有主导地位,第三产业比重明显上升;第四种经济类型则是第一产业比重较低,第三产业比重占主导地位。

从中国目前的发展状况来看,中国已经进入第三种经济类型,即处于基本实现工业化的发展阶段。最近十年,中国从食品、纺织等轻工业为主的劳动密集型阶段进入电力、钢铁、建材、石油石化等资本、技术密集型的重化工业阶段。

表 3-5　中国主要高耗能产品产量变化情况　　　　（单位：百万 t）

年份 产量	1978	1980	1990	2000	2005	2010
粗钢	31.78	37.12	66.35	128.5	353.24	637.23
水泥	65.24	79.86	209.7	597	1 068.9	1 881.91
电解铝			0.85	2.79	7.79	28.93
乙烯	0.38	0.49	1.57	4.7	7.56	14.21
农用化肥	8.69	12.32	18.8	31.86	51.78	63.38

资料来源：国家统计局，中国统计年鉴，各年。

2. 未来展望

各国学者在考察不同类型国家时，发现其发展进程尽管各异，但同类发展阶段不同国家的产业结构呈相似变化趋势。一般而言，经济发达国家的产业结构特点是：农业比重很低，占 5% 左右，服务业比重很高，工业、制造业比重低于服务业，但高于农业比重；发展中国家的产业结构特点是：农业比重较发达国家高，服务业比重较发达国家低，工业、制造业比重高（图 3-5）。

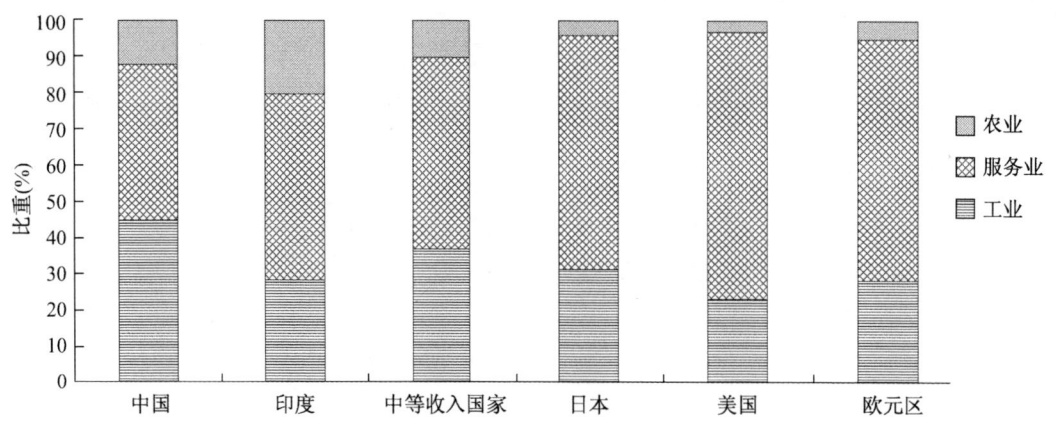

图 3-5　经济结构的国际比较（2004 年）
（数据来源：IEA，World Energy Outlook，2007）

对中国未来产业结构的演变，国内学者也作了不少的研究和分析。表 3-6 列举了相关机构在不同时期的预测结果。上述预测具有共同的变化特点，即随着经济的发展和生活水平的提高，第一产业比重不断下降，第三产业比重不断上升，在第二产业内部，技术密集型加工业比重呈上升态势；2020 年基本实现工业化后，第二产业的比重逐渐下降。差别在于 2002 年以后所作的预测认为，在 2020 年基本实现工业化以前，第二产业比重下降幅度不太明显。

表 3-6 有关中国未来产业结构变化的预测汇总

研究者	年份 产业比率(%)	2010	2020	2030	2050
中国社会科学院 李京文等(1999)	第一产业	18.4		12.2	8.0
	第二产业	41.1		38.0	32.7
	第三产业	40.5		49.8	59.3
"中国气候变化国别研究" (1999年,原国家科委组织研究)	第一产业	18		14	
	第二产业	42		39	
	第三产业	40		47	
中国社会科学院 (2003)	第一产业	12.7	9.6	7.6	5.3
	第二产业	49.9	48.6	46.6	41.7
	第三产业	37.4	41.8	45.8	53
原国家经贸委行业规划司 组织课题(2003)	第一产业	12.6	8.0		
	第二产业	50.4	52		
	第三产业	37	40.0		
清华大学核能与新能源 技术研究院 《中国能源展望2004》	第一产业	10	9	8.5	
	第二产业	52	49	44	
	第三产业	38	42	47.5	
国务院发展研究中心 《中国中长期发展的重要问题 2006—2020》	第一产业	10.6	7.0		
	第二产业	54.2	52.6		
	第三产业	35.2	40.4		

3. 本研究假设

国际比较表明,当人均 GDP 达到 1 万美元(按购买力平价即 PPP 计算),也就基本实现了工业化,此时第二产业的比重多下降到 40% 以下。按购买力平价计算,到 2020 年中国人均 GDP 将超过 1 万美元,基本实现工业化,到 2030 年我国将完成工业化,2050 年达到中等发达国家水平。考虑到经济发展的二元性,本项研究假设如表 3-7 所示。

2011 年我国国民经济和社会发展第十一个五年计划指出,转变经济发展方式是主线,未来五年服务业增加值占国内生产总值的比重将提高 4%。由于我国第一产业的比重已经很低,服务业增加值的提高将主要来自第二产业比重的下降。考虑到中等发达国家第二产业的比重一般在 30% 左右,本项研究将 2050 年我国第二产业的比重设定为 30%,并假设经济结构进一步优化,与目前发达国家的格局相似,新兴工业和第三产业发展迅速,信息产业占据重要位置。

表 3-7　2050 年中国产业结构演变展望

比重(%) \ 年份	2010	2020	2035	2050
第一产业	10.1	9.5	9.0	8.5
第二产业	46.8	40.0	35.0	30.0
第三产业	43.1	50.5	56.0	61.5

四、城市化

1. 历史回顾

在工业化进程的推动下,中国城市化率从 1978 年的 17.9% 上升到 2010 年的 50.0%,提高了 32.1%,平均每年增加 1%。从中国城市化进程的演变来看,大体可以分为两个阶段(图 3-6),1995 年之前,城市化进程相对缓慢,平均每年仅提高 0.8%;1995 年以后,城市化进程开始提速,城市化率平均每年提高 1.2%,平均每年新增城市人口近 2 000 万。

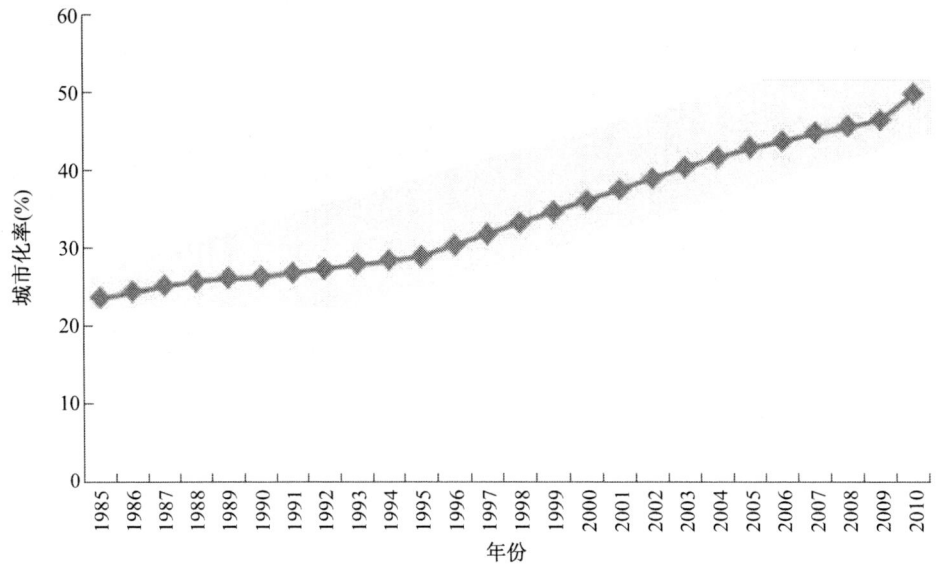

图 3-6　中国城市化率变动状况

(数据来源:国家统计局,中国统计年鉴,2011)

伴随着工业化、城市化进程的加快,中国相关的基础设施建设也不断提速。道路、桥梁、港口、居民住宅、商业住宅等,无论是建设规模,还是总量均处于一个快速发展的阶段(表 3-8)。

表 3-8　基础设施建设相关指标变化状况

基础设施建设		年份 1990	1995	2000	2005	2010
城市建设	城市建成区面积(km^2)	12 856	19 264	22 439	32 521	40 058
	城市人均住宅建筑面积(m^2)	9.9	11.8	14.9	26.1	31.6
交通运输线路	铁路营运里程(万 km)	5.78	5.97	6.87	7.54	9.12
	电气化里程(万 km)	0.69	0.97	1.49	1.94	3.27
	公路里程(万 km)	102.83	115.7	140.27	335.42	400.82
	高速公路(万 km)	0.05	0.21	1.63	4.1	7.41
	民航航线里程(万 km)	50.68	112.9	150.29	199.85	276.51

数据来源：国家统计局，中国统计年鉴，2011 年。

2. 未来展望

中国未来应走什么样的城市化道路一直是理论界研究的重点，但从世界城市化发展的进程来看，并没有统一的模式。有关中国城市化发展问题，理论界有 4 种观点：一是大城市论，主张重点发展大城市；二是中等城市论，主张重点发展中等城市；三是小城镇论，主张重点发展小城镇；四是多模式论，主张因时因地而论。这 4 种主张，都有一定的根据和道理。就中国国情而言，走大、中、小各类城市协调发展之路更切合实际。

2002 年 11 月中国政府提出"全面建设小康社会"的发展目标后，国内机构对中国的城市化发展作了最新研究。中国科学院《中国可持续发展战略报告（2005）》认为，为支撑中国未来实现现代化的总体进程，从现在起到 21 世纪中叶，中国城市化率将从 2004 年的 40% 提高到 75% 左右。这就意味着今后城市化率每年平均提高 0.76%，相当于每年有 1 000 万～1 200 万人口从农村转移到城市。国家发展和改革委员会宏观经济研究院认为，2020 年城市化率将达到 55%～60%。也有机构认为，受中国二元经济现状及急速城市化所面临的土地、能源、水、环境等因素的制约，当中国的城市化率达到 60% 以后，其进程开始减缓①。

3. 本研究假设

综合国内各机构的研究成果，今后二三十年将是中国城市化发展最快的时期，同时借鉴国际经验和基于中国国情，未来 40 年中国城市化发展目标定在 70% 以内为宜，中国城市化也将经历一个"先高速后低速"的"S 形曲线"。

---

① 根据国家发展和改革委员会国土开发与地区经济研究所副所长肖金成研究员在 2005 年 1 月召开的 "2030 年中国社会经济情景"研讨会上的发言整理而成。

2020年之前,从经济发展速度和农村剩余劳动力转移的规模综合考虑,城镇人口年均增长率大约为2.7%,2020年中国城市化率约为58%[①]。2020年以后,受国民经济规模进一步扩大、发展速度趋缓,以及城镇人口基数进一步扩大的影响,中国城镇人口增长率将会有所下降。2020—2035年,中国城镇人口的年均增长率将降到1%以内。按这个速度发展,2035年中国城市化水平可达65%左右,2050年城市化水平为70%。并且在2030年以后,中国农村居民在生活质量、享受的公共设施服务上与城市地区的差别不大。

五、市场化

1. 历史回顾

电力、油气等重点领域改革取得新突破,能源价格市场化改革取得新进展,能源财税机制进一步完善,能源法规政策和标准基本健全,初步形成适应能源科学发展需要的行业管理体系。市场机制在我国资源配置中发挥出越来越大的作用。能源领域投资主体实现多元化,民间投资不断发展壮大。煤炭生产和流通基本实现市场化。电力工业实现政企分开、厂网分离,监管体系初步建立。能源价格改革不断深化,价格形成机制逐步完善。

近年来,民间投资全面进入新能源和可再生能源行业,在扩大投资规模、增加社会就业、推进科技进步、健全产业体系、夯实内生动力、促进新能源和可再生能源快速健康发展方面发挥了重要的作用。目前,民间投资在小水电、生物质能、太阳能热利用,以及太阳能电池、晶体硅、风电设备制造等领域居于主导地位,民间资本已开始涉足风电、太阳能发电等领域的投资建设。

能源价格改革是价格体制改革的一部分。1994年以来政府对煤、油、天然气和电价都分别进行了改革,采取部分或全部放开价格,提高市场价格最高限价等措施,并逐步与国际市场价格接轨。在能源价格的市场化过程中,能源价格也有大幅度的上升。从图3-7中可以看到,能源价格超过了总体商品零售价格的上涨速度,在2000年之后两者的差距更是迅速拉大。到2010年,能源价格指数接近商品零售价格指数的两倍。

但是,体制约束也日益显现,深化改革势在必行。能源产业行政垄断、市场垄断和无序竞争现象并存,价格机制不完善。煤电矛盾日益突出。风电、太阳能发电、小水电和分布式发电上网受到电力系统及运行机制的制约。能源行业管理薄弱,缺位与错位现象并存,资源管理亟待规范,行业统计亟待加强。推动能源科学发展,迫切需要加快推进能源体制改革。

2. 未来展望

深化能源体制机制改革,加快构建现代能源市场体系,着力化解重点领域和关键环节的突出矛盾,争取尽快取得突破。

[①] 我国国民经济和社会发展"十二五"规划纲要提出,"十二五"期间城镇化率提高4%。

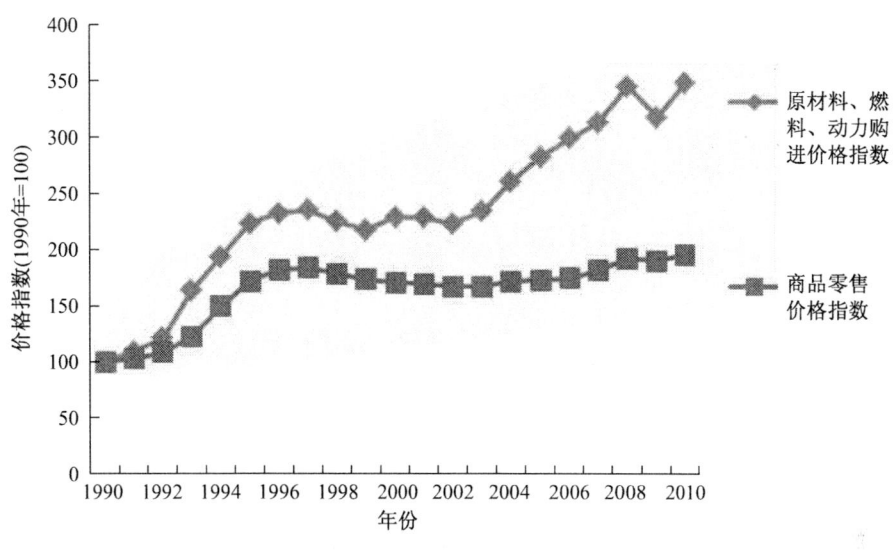

图 3-7 中国能源价格指数变动情况(1990—2010 年)
(数据来源:国家统计局,中国统计年鉴,各年)

加快现代能源市场体系建设。科学界定竞争性和非竞争性业务,对可以实现有效竞争的业务引入市场竞争机制,积极培育市场竞争主体;对自然垄断业务,加强监管,保障公平接入和普遍服务。加快国有能源企业改革,完善现代企业制度。完善区域性、全国性能源市场,积极发展现货、长期合约、期货等交易形式。

推进重点领域改革。继续深化电力体制改革。加快建立现代电力市场体系,稳步开展输配分开试点,组建独立电力交易机构,在区域及省级电网范围内建立市场交易平台,分批放开大用户、独立配售电企业与发电企业直接交易。改进发电调度方式,逐步增加经济调度因素,为实行竞价上网改革探索经验。建立理顺煤电关系的长效机制。按照基本公共服务均等化和现代企业制度要求,兼顾电力市场化改革方向,统筹推进农村电力体制改革,深化煤炭领域改革。完善行业管理体制,加强对煤炭资源勘探开发、生产经营等全过程的监督管理。国家统一管理煤炭一级探矿权市场,规范矿业权二级市场。完善煤炭与煤层气协调开发机制。深化煤炭流通体制改革,实现重点合同煤和市场煤并轨,积极推行中长期合同,推进煤炭铁路运力市场化配置,加快健全区域煤炭市场,逐步培育和建立全国煤炭交易市场,开展煤炭期货交易试点。加快推进煤矿企业兼并重组,推行煤电运等一体化运营。推进石油天然气领域改革。加强油气矿业权监管,完善准入和退出机制。推进页岩气投资主体多元化,加强对页岩气勘探开发活动的监督管理。完善炼油加工产业市场准入制度,研究推动原油、成品油进口管理改革,形成有效竞争格局。加强油气管网监管,稳步推动天然气管网独立运营和公平开放,保障各种气源无歧视接入和统一输送。明确政府与企业油气储备应急义务和责任。推进可再生能源和分布式能源体制机制改革。研究建立水能资源开发权公平竞争、有偿取得及利益合理分配机制,创新移民安置和生态补偿机制。完善有利于可再生能源良性发展、分布式能源推广应用的管理体制,促进形成可再生能源和分布式能源无歧视、无障碍并网新机制。探索建立可再生能源电力配额及交易制度和新增水电用电权跨省区交易机制。

完善能源价格机制,理顺电价机制。加快推进电价改革,逐步形成发电和售电价格由市场决定、输配电价由政府制定的价格机制。加大对电网输配业务及成本的监管,核定独立输配电价。改进水电、核电及可再生能源发电定价机制。推进销售电价分类改革。大力推广峰谷电价、季节电价、可中断负荷电价等电价制度。推进工业用户按产业政策实行差别化电价和超限额能耗惩罚性电价,实施并完善居民阶梯电价制度。深化油气价格改革,深化成品油价格市场化改革,深入推进天然气价格改革,在总结广东、广西试点经验的基础上,建立反映资源稀缺程度和市场供求关系的天然气价格形成机制,逐步理顺天然气与可替代能源比价关系,建立上下游价格合理传导机制。研究推行天然气季节性差价和可中断气价等差别性价格政策。页岩气出厂价格实行市场定价。

鼓励能源投资多元化。进一步放宽能源投融资准入限制,鼓励民间资本进入法律法规未明确禁入的能源领域,鼓励境外资本依照法律法规和外商投资产业政策参与能源领域投资,推进电网、油气管网等基础设施投资多元化。以煤层气、页岩气、页岩油等矿种区块招标为突破口,允许符合条件的非国有资本进入,推动形成竞争性开发机制。规范流通市场秩序,稳步推进石油分销市场开放。

3. 本研究假设

本研究认为,我国在深化能源价格改革,理顺煤、电、油、气产品价格关系的基础上,与国际市场接轨是我国能源产品价格的发展趋势。

自 2002 年我国煤炭价格逐步放开以来,国内煤炭价格一直趋于上涨。2008 年底发生金融危机以来,国内煤炭价格甚至高于国际市场价格。这是 2009 年和 2010 年我国煤炭进口量大于出口量的直接原因(图 1-10)。本研究假设,国内煤炭价格在未来将与国际市场价格持平,国际煤炭市场价格将来变动幅度不大。

我国石油产业原油价格已经直接和国际接轨,基本实现了价格市场化。但是,成品油价格却是与国际市场价格间接接轨。当国际市场原油连续 22 个工作日移动平均价格变化超过 4% 时,可相应调整国内成品油价格。当国际市场原油价格低于每桶 80 美元时,按正常加工利润率计算成品油价格。高于每桶 80 美元时,开始扣减加工利润率,直至按加工零利润计算成品油价格。高于每桶 130 美元时,按照兼顾生产者、消费者利益,保持国民经济平稳运行的原则,采取适当财税政策保证成品油生产和供应,汽、柴油价格原则上不提或少提。本研究认为,国内成品油价格接轨方式将不断地得到改进和完善,与国际市场保持同步变化①。

近年来,随着国际、国内能源市场供求形势变化,国内天然气价格偏低的矛盾日益突出。为促进资源节约,理顺天然气价格与其他可替代能源的比价关系,引导天然气资源合理配置,2010年国家发改委决定适当提高国产天然气出厂价格。本研究假设,天然气价格趋于上升,并不断接近国际市场价格。天然气作为一种清洁能源,国际市场价格也趋于上涨。

六、全球化

1. 历史回顾

改革开放以来,中国对外贸易快速增长,成为拉动中国经济社会发展的主要动力。2010年中国进出口总额达到29 740亿美元,而1978年中国进出口总额仅为206.4亿美元,1978—2010年,中国进出口总额年均增长17%以上。外贸依存度由1978年的9.7%提高到2010年的50%以上(图3-8)。对外贸易有力地支持了国民经济的发展。

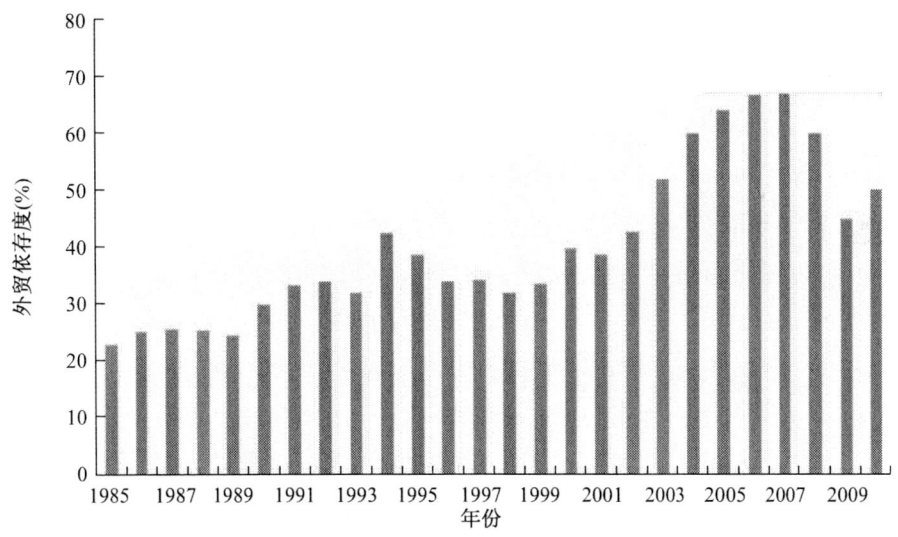

图3-8 我国外贸依存度状况

(数据来源:国家统计局,中国统计年鉴,2011)

注:外贸依存度指外贸进出口总额除以国内生产总值。

在对外贸易快速发展的同时,我国的外汇储备有了迅速的积累。1993年以前,我国外汇储备很少(图3-9)。从1994年开始,外汇储备有了持续的改善。2001年我国加入

---

① 2013年3月26日,国家发展与改革委员会宣布对原有成品油定价机制进行完善。完善后的成品油定价机制将调价周期缩短到10个工作日,取消上下4%的幅度限制。同时,出于国家能源安全,挂靠油种不公布,以防止国外资金热炒。

世界贸易组织(WTO)以后,外汇储备开始迅速增长,2010年底达到2.8万亿美元,是全球最大的外汇储备国。

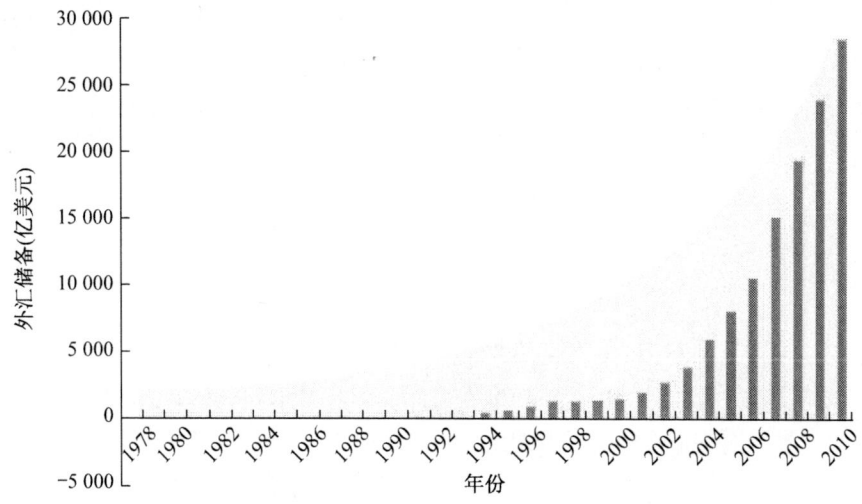

图3-9 我国外汇储备状况
(数据来源:国家统计局,中国统计年鉴,2011)

在我国对外贸易迅速增长和外汇储备快速积累的同时,对外贸易也带来了一系列的问题。陈迎等(2008)应用投入—产出法研究了我国外贸进出口商品中的内涵能源问题,发现我国能源需求有相当一部分通过国际贸易内涵在产品中出口到国外,并没有在国内消费。2002年,内涵能源出口总量约为4.1亿t标准煤,扣除内涵能源进口1.7亿t标准煤,内涵能源净出口达到2.4亿t标准煤,约占当年我国一次能源消费总量的16%;随着外贸的迅速增长,2006年内涵能源净出口约为6.3亿t标准煤,比2002年增长了162%,约占当年我国一次能源消费量的26%。刘强等(2008)应用生命周期评价方法,对2005年我国46种主要出口贸易产品的出口载能量进行了计算,发现这些产品在出口的过程中带走了大约13.4%的国内一次能源消耗。这46种产品的出口金额仅占我国2005年出口金额的22%。因此,中国每年由于对外贸易带走的能耗量十分可观。

2. 前景展望

我国是能源资源相对缺乏的国家,出口贸易带走大量能耗不利于我国的可持续发展。从2006年开始,中央政府对"两高一资"(即高能耗、高污染、资源性)产品的出口采取了限制措施,相继采取了禁止加工贸易、下调或取消部分产品出口退税、对一些产品征收出口关税等。此后,"两高一资"产品出口过快增长的势头得到了明显的抑制。2011年我国国民经济和社会发展"十二五"规划纲要提出,严格控制"两高一资"产品出口,加快培育以技术、品牌、质量、服务为核心竞争力的新优势。

3. 本研究假设

中国未来将不会以"世界加工厂"为目标。在政府政策的影响下,本研究认为,我国对外贸易内涵能源净出口量将逐年下降,其中"两高一资"产品内涵能源净出口量将逐渐降为零。到2020年初级产品开始失去国际竞争力,高耗能产品以满足国内需求为主,高附加值行业和服务业出口明显增加。

第二节 限制因素

影响我国能源资源需求的限制因素主要有国内环境问题和全球气候变化。

一、国内环境问题

1. 历史回顾

我国在节能环保方面取得了突出的成效。"十一五"时期,单位国内生产总值能耗下降了19.1%,电力行业实施"上大压小",单位火电供电标准煤耗下降37g,脱硫机组比重持续增加。

中国加快采煤沉陷区治理,建立并完善煤炭开发和生态环境恢复补偿机制。2011年,原煤入选率达到52%,土地复垦率40%。加快建设燃煤电厂脱硫、脱硝设施,烟气脱硫机组占全国燃煤机组的比重达到90%左右。燃煤机组除尘设施安装率和废水排放达标率达到100%。加大煤层气(和煤矿瓦斯)开发利用力度,抽采量达到114亿m^3,在全球率先实施了煤层气国家排放标准。

但是,我国面临的环境压力还在不断增大。我国能源结构以煤为主,开发利用方式粗放,资源环境压力加大。大量水资源被消耗或被污染,煤矸石大量堆积占用和污染土地,酸雨影响面积达120万km^2,主要污染物和温室气体排放总量居世界前列(我国二氧化硫排放量见图3-10)。国内生态环境难以继续承载粗放式发展,国际上应对气候变化的压力日益增大,迫切需要绿色转型发展。

2. 未来展望

未来我国政府对环境保护的力度会进一步加大,环境保护的标准会更加严格。"十二五"期间每千瓦时煤电二氧化硫排放下降到1.5g,氮氧化物排放下降到1.5g;能源开发利用产生的细颗粒物(PM2.5)排放强度下降30%以上;煤炭矿区土地复垦率超过60%。

加强国内环境保护既会影响能源资源需求总量,也会影响能源需求结构。环境保护意味着更大的成本支出,必然导致用能成本增加,对能源需求有抑制作用。由于不同能源资源的环境污染物排放强度不同,环境监管力度的加大会导致对清洁能源资源需求的增加。Jiang等(2008)对中国天然气需求的情景分析显示,中国未来的天然气需求量对燃煤电厂的二氧化硫排放政策最为敏感。当发电厂将二氧化硫的排放成本完全内部化时,天

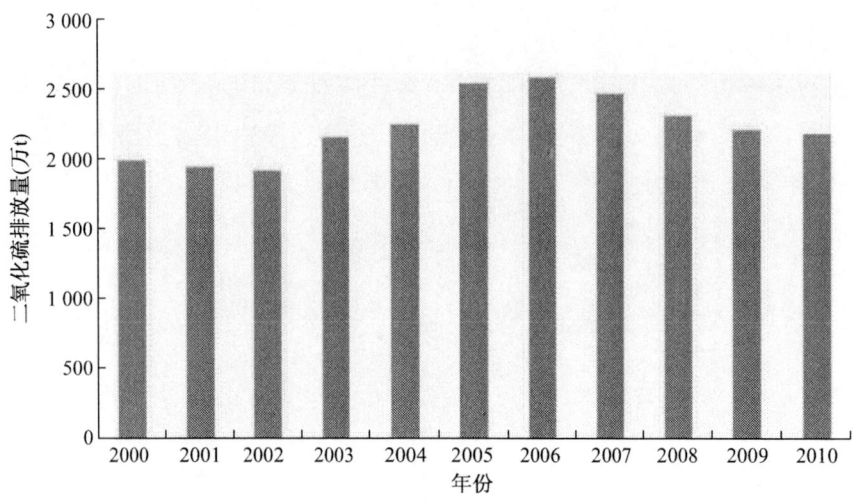

图 3-10 我国二氧化硫排放情况

（数据来源：国家统计局，中国统计年鉴，各年）

然气作为清洁能源的优势将得到充分的体现。

3. 本研究假设

我国能源在生产、加工与转换、运输和最终消费环节的外部成本都实现了内部化。以煤炭为例，煤炭资源在开采过程中造成的生态问题都得到了合理的补偿，燃煤电厂都安装和运行脱硫设备等。国内环境问题得到了较好的治理，环境库兹涅茨（KUZNETZ）曲线的峰值和波谷有所缩小。

二、全球气候变化

1. 历史回顾

为应对全球气候变化的挑战，中国从自身做起，在调整经济结构、转变发展方式、节约能源、提高能源利用效率、优化能源结构、植树造林等方面采取了一系列的政策措施，为减缓气候变化做出了积极的努力。第一，遏制高耗能、高排放行业过快增长。2006 年 6 月，中国政府调低了部分商品出口退税，其中锡、锌、煤炭产品取消出口退税，限制"两高一资"产品出口。第二，淘汰落后产能，提高环保准入标准。2007 年 6 月国务院印发《节能减排综合性工作方案》，首次明确"十一五"期间淘汰落后产能的分地区、分年度计划，涉及包括电力、钢铁、水泥、玻璃等在内的 13 个行业。第三，努力形成"低投入、低消耗、低排放、高效率"的经济发展方式。2007 年发布《关于加快发展服务业的若干意见》，提出到 2010 年服务业增加值占 GDP 的比重比 2005 年提高 3%，明确了支持服务业关键领域、薄弱环节和新兴行业发展的政策。同年，发布高技术产业、电子商务和信息产业等领域的"十一五"规划，提出到 2010 年高技术产业增加值占工业增加值的比重比 2005 年提高 5%。第四，节约能源、提高能源利用效率。2006年3月发布第十一个五年规划《纲要》(2006—2010年)把建设资源节约型、环境友好型社会作为一项重大的战略任务,提出到2010年单位GDP能耗比2005年降低20%左右,并作为重要的约束性指标。第五,建立节能减排目标责任制。2007年11月,国务院印发了《节能减排统计监测及考核实施方案和办法》,明确对各省(自治区、直辖市)和重点企业能耗及主要污染物减排目标完成情况进行考核,实施严格的问责制。

但是,由于我国所处发展阶段,能源消费和温室气体排放表现出正增长。国际能源署的数据表明,中国在2008年化石能源燃烧排放的二氧化碳总量达到65.09亿t,美国为55.95亿t,超出美国约9亿t,比欧盟27国的排放总量高出1/3,占全球排放总量的22.2%。但是,从人均水平上来看,化石能源燃烧排放的二氧化碳,2008年中国人均4.6t,比发展中国家人均2.6t高出76.9%,略高于全球平均4.4t的人均水平,但不足美国的1/4,只有欧盟的1/2。

1994年生效的《联合国气候变化框架公约》(以下简称《公约》),没有任何具体目标,也没有量化的减排责任。1997年12月达成的《京都议定书》,规定《公约》附件一缔约方到2008年的平均排放相对于1990年水平,欧盟减排8%,美国7%,日本6%,俄罗斯维持不变,冰岛、澳大利亚等国还允许有所增加;发达国家在总体上减排5.2%。美国拒绝批准《京都议定书》,使得《京都议定书》总体减排大打折扣。2005年《京都议定书》正式生效。2007年,在巴厘岛联合国气候会议上,经过艰苦谈判达成"巴厘路线图",创造性设计并启动《京都议定书》第二承诺期和《公约》长远目标的双轨谈判,从而涵盖《公约》所有缔约方,期望2009年在哥本哈根会议上达成新的全球温室气体减排协定。国际社会普遍期望,哥本哈根会议能够一帆风顺,完成《巴厘行动计划》。

在哥本哈根会议之前,我国向国际社会宣布,到2020年我国单位国内生产总值二氧化碳排放比2005年下降40%~45%,作为约束性指标纳入国民经济和社会发展中长期规划,并制定相应的国内统计、检测、考核办法。"巴厘路线图"并没有要求发展中国家给出自己明确具体的减排目标,而且明文规定发展中国家的减排行动取决于发达国家的资金和技术援助。

我国的诚意和建设性贡献,似乎没有得到发达国家的积极回应。部分发达国家甚至不顾事实、不切实际,对发展中国家减排义务加码要价。欧美部分发达国家称,中国的相对减排目标只是"基准线",没有额外努力。殊不知,中国所给出的数字,已经是高限,需要做出巨大的努力甚至牺牲才有可能实现。到了哥本哈根,部分发达国家继续施压新兴发展中经济体,避而不谈"巴厘路线图"所规定的发达国家2020年的减排目标,反而"舍近求远",要求发展中国家一同承诺2050年远期减排目标。发达国家考虑"共同但有区别的责任原则",建议全球在2050年相对于当前排放水平削减50%,发达国家则削减80%,余下20%由发展中国家削减。考虑到当前全球温室气体排放格局和发达国家与发展中国家的巨大人均排放差异,发展中国家的排放权益实际上比发达国家要小。由于双轨谈判举步维艰,美国和欧盟明确要求将双轨并为一轨,抛弃《京都议定书》,混淆发达国家和发展中国家"共同但有区别的责任原则"。各方关键力量妥协形成的《哥本哈根协议》,没有明确发达国家的中期减排义务,将发展中国家的行动与发达国家的承诺并列。关于2050年的长远目标,各方认同2℃温度升高上限;在发展中国家的坚持下,没有明确写入2050年全球减半的定量目标。在资金问题上,发达国家承诺2010—2012年300亿美元的快速启动资金和到2020年每年筹集1000亿美元资金,但没有明确资金来源和分担计划。关于发展中国家温室气体减排的透明度问题,《哥本哈根协议》明确要求接受"国际协商与分析",每两年完成国家信息通报一次。

2. 未来展望

围绕气候变化的博弈错综复杂。气候变化已成为涉及各国核心利益的重大全球性问题,围绕排放权和发展权的谈判博弈日趋激烈。"巴厘路线图"规定双轨谈判,明确就长远目标和中期目标分开磋商,长远目标必须要有中期目标的支撑。美国作为第一大经济体,最大的发达排放国家,不明确中期减排目标,显然国际社会不会接受。发展中国家认为,双轨制谈判体现了"共同但有区别的责任"原则,《京都议定书》规定发达国家率先减排,提供资金技术,帮助发展中国家适应和减缓气候变化。但美国和欧盟等发达国家坚持要求发展中大国参与减排,反对双轨谈判。

显然,《哥本哈根协议》的地位至关重要。按《哥本哈根协议》要求,多数发达国家缔约方在2010年1月31日前表态"具名支持",但众多发展中国家尤其是一些拉美发展中国家坚决反对这一协议的法律化。在2010年4月波恩的气候变化谈判会议上各方达成决议,明确不考虑《哥本哈根协议》的法律化,而是将《哥本哈根协议》中的共识体现在《公约》和《京都议定书》两个工作组的谈判案文中。就这一结果来看,发达国家推动的"并轨"进程受到遏制,发展中国家坚持的双轨进程得以延续。但是,关于这一议题的争议并没有终止,仍然具有相当大的不确定性。即使《京都议定书》第二承诺期谈判不并轨,2020年以后全球减排目标的谈判,并轨似乎将成为必然。

3. 本研究假设

我国在温室气体减排上面临不同的情景。第一种情景是基准情景(BAU),即自愿减排(即碳排放强度下降)情景;第二种情景是2030年起强制减排(即碳排放总量控制)情景;第三种情景是2020年起强制减排(即提前强制减排)情景。

第三节 其他因素

影响能源需求的其他因素主要有能源政策、技术、财税金融体制、消费模式、国际合作等。这些因素既影响能源需求,也影响能源供给。

一、能源政策

1. 历史回顾

中国是世界上最大的发展中国家,面临着发展经济、改善民生、全面建设小康社会的艰巨任务。维护能源资源长期稳定可持续利用,是中国政府的一项重要战略任务。中国能源必须走科技含量高、资源消耗低、环境污染少、经济效益好、安全有保障的发展道路,全面实现节约发展、清洁发展和安全发展。

进入 21 世纪以来,我国能源快速发展,供应能力明显提高,产业体系进一步完善,基本满足了经济社会发展的需要,为以后的能源发展奠定了坚实的基础。能源供应能力显著增强。一次能源生产总量连续五年居世界第一位,2010 年达到 29.7 亿 t 标准煤;电力装机规模比 2005 年增长将近一倍,达到 9.7 亿 kW,居世界第二位。清洁能源比重逐步增加。2010 年,我国水电装机规模达到 2.2 亿 kW,居世界第一位;核电在建规模 2 924 万 kW,占世界核电在建规模的 40% 以上;"十一五"时期新增风电装机规模约 3 000 万 kW,2010 年并网规模居世界第二位;太阳能热水器集热面积继续保持世界第一。

2. 未来展望

我国能源发展"十二五"规划提出,我国能源发展的指导思想是,高举中国特色社会主义伟大旗帜,全面深入贯彻落实党的十八大精神,以邓小平理论、"三个代表"重要思想、科学发展观为指导,以科学发展为主题,以加快转变发展方式为主线,着力推进能源体制机制创新和科技创新,着力加快能源生产和利用方式变革,强化节能优先战略,全面提升能源开发转化和利用效率,控制能源消费总量,构建安全、稳定、经济、清洁的现代能源产业体系,保障经济社会可持续发展。

加大国内能源资源勘探力度,优化开发常规化石能源,巩固能源供应基础,大力发展非化石能源,培育新的能源供应增长极。①安全高效开发煤炭。到 2015 年,煤炭产能达到 41 亿 t,煤炭产量控制在 39 亿 t 以内;采煤机械化程度达到 75% 以上;安全高效煤矿产量 25 亿 t,占全国的 60% 以上,比 2010 年增加约 30%;原煤百万吨死亡率下降 28% 以上;矿井水利用率达到 75%。②加快常规油气勘探开发。到 2015 年,新增石油探明地质储量 65 亿 t 以上,产量稳定在 2 亿 t 左右;新增常规天然气探明地质储量 3.5 万亿 m^3,产量超过 1 300 亿 m^3。大力开发非常规天然气资源。到 2015 年,煤层气、页岩气探明地质储量分别增加 1 万亿 m^3 和 6 000 亿 m^3,商品量分别达到 200 亿 m^3 和 65 亿 m^3,非常规天然气成为天然气供应的重要增长极。③积极有序发展水电。"十二五"时期,开工建设常规水电 1.2 亿 kW、抽水蓄能电站 4 000 万 kW。到 2015 年,全国常规水电、抽水蓄能电站装机分别达到 2.6 亿 kW 和 3 000 万 kW。④安全高效发展核电。到 2015 年,运行核电装机达到 4 000 万 kW,在建规模 1 800 万 kW。⑤加快发展风能等其他可再生能源。到 2015 年,风能发电装机规模达到 1 亿 kW;太阳能发电装机规模达到 2 100 万 kW;生物质能发电装机规模达到1 300万kW，其中城市生活垃圾发电装机容量达到300万kW。

推进能源高效。高效清洁发展煤电。继续推进"上大压小"，加强节能、节水、脱硫、脱硝等技术的推广应用，实施煤电综合改造升级工程，到"十二五"末，淘汰落后煤电机组2 000万kW，火电每千瓦时供电标准煤耗下降到323g。"十二五"时期，全国新增煤电机组3亿kW，其中热电联产7 000万kW、低热值煤炭资源综合利用5 000万kW。推进煤炭洗选和深加工升级示范。"十二五"时期，新开工煤制天然气、煤炭间接液化、煤制烯烃项目能源转化效率分别达到56%、42%、40%以上。集约化发展炼油加工产业。到2015年，全国一次原油加工能力达到6.2亿t，成品油产量达到3.3亿t，炼油每吨综合加工能耗下降到63kg标准油，水耗降低到0.5t。有序发展天然气发电。在电价承受能力强、热负荷需求大的中心城市，优先发展大型燃气蒸汽联合循环热电联产项目。积极推广天然气热电冷联供，支持利用煤层气发电。"十二五"时期，全国新增燃气电站3 000万kW。

控制能源消费总量。实施能源消费强度和消费总量双控制，尽快制定并严格落实控制能源消费总量工作方案，明确工作目标、任务和责任，采取综合配套措施，形成倒逼机制，推动经济发展转方式、调结构，促进资源节约型和环境友好型社会建设。到2015年，全国能源消费总量和用电量分别控制在40亿t标准煤和6.15万亿kW·h左右，重点行业主要产品单位能耗总体接近世界先进水平。

二、能源技术

1. 历史回顾

改革开放以来，中国能源科技水平有了显著提高，能源科技进步在促进节能减排、优化能源结构、保证能源安全方面发挥了重要的作用。资源勘探开发、加工转化技术水平显著提高，重大装备自主创新能力进一步增强。全国采煤机械化程度达到60%以上，井下600万吨综合采煤成套装备全面推广。建成了比较完善的石油天然气勘探开发技术体系，复杂区块勘探开发、提高油气田采收率等技术在国际上处于领先地位。3 000m深水钻井平台建造成功，千万吨炼油和百万吨乙烯装置实现自主设计和制造。具有世界先进水平和自主知识产权的煤炭直接液化和煤制烯烃技术取得了突破。百万千瓦超超临界、大型空冷等大容量高参数机组得到了广泛应用，70万kW水轮机组设计制造技术达到世界先进水平。基本具备百万千瓦级压水堆核电站自主设计、建造和运营能力，高温气冷堆、快堆技术研发取得了重大的突破。3兆瓦风电机组批量应用，6兆瓦风电机组成功下线。形成了比较完备的太阳能光伏发电制造产业链，光伏电池年产量占全球产量的40%以上。特高压交直流输电技术和装备制造水平处于世界领先地位。

但是，我国能源科技自主创新能力不足，能源产业大而不强。能源科技创新投入不足，研发力量较为分散，领军人才稀缺，自主创新基础薄弱，能源装备制造整体水平与国际先进水平相比仍有较大的差距，关键核心技术和先进大型装备对外依赖程度较高，能源产业总体上大而不强，迫切需要进一步深化能源科技体制改革，大力提升能源科技自主创新能力。

2. 未来展望

按照创新机制、夯实基础、超前部署、重点跨越的原则,以增强能源科技自主创新能力和提高能源装备自主化水平为目标,加快构建重大技术研究、重大技术装备、重大示范工程、技术创新平台"四位一体"的能源科技装备创新体系。

加快科技创新能力建设。①加强能源基础科学研究。坚持政府在能源基础科学研究中的主导地位,进一步优化配置能源科技资源,加大资金投入和政策扶持,建立一批国家工程技术研究中心、国家能源研发中心和重点试验室。面向世界能源科技前沿和国家重大战略需要,在地质、材料、环境、能源动力、信息与控制等基础科学领域,超前部署一批对能源发展具有战略先导性作用的前沿技术攻关项目,突破制约能源发展的核心技术、关键技术。②推进先进适用技术研发应用。充分调动和发挥企业的主体作用,围绕能源发展方式转变和产业转型升级,积聚优势科研力量,加快先进适用技术研发,完善技术推广应用体系。力争在煤矿高效集约开采、页岩气等非常规油气资源勘探开发、先进油气储运、高效清洁发电、新一代核电、海上风电、太阳能热发电、大容量高效率远距离输电、大容量储能等重点领域取得突破,达到或超过世界先进水平。

提高能源装备自主化水平。加强对能源装备产业的规划引导,依托重点工程,加强技术攻关和综合配套,建立健全能源装备标准、监测和认证体系,努力提高重大能源装备设计、制造和系统集成能力。

实施重大科技示范工程。充分利用我国能源市场空间大、工程实践机会多的优势,加大资金、技术、政策扶持力度,以煤层气开发利用、油气资源高效开发、高效清洁发电、特高压输电、大规模间歇式发电并网、智能电网、多能互补利用、核燃料后处理等技术领域为重点,加快重大工程技术示范,促进科技成果尽快转化为先进生产力。

完善能源技术创新体系。依托大型企业、科研机构和高校,在煤炭资源勘探、煤层气开发利用、页岩气勘探开发、海洋工程装备、大型清洁高效发电设备、智能电网技术、先进核反应堆技术等领域,继续建设一批国家能源技术创新平台,加强自主研发和核心技术攻关。完善国家对技术创新平台的支持政策体系。充分发挥企业的创新主体作用,做好创新成果的推广应用。引导科研机构、高等院校的科研力量为企业技术创新服务,更好地实现产学研有机结合。完善科技评价和奖励制度,建立和完善能源创新人才的培养体系和激励机制。

三、能源财税金融体制

1. 历史回顾

多层次的融资机制逐步建立。第一,直接融资机制不断完善。自20世纪90年代初先后建立上海证券交易所和深圳证券交易所之后,2004年5月,深圳股票交易所中小企业版正式开市,为中小企业直接融资提供了渠道。2009年10月创业板开市,有利于科技类企业上市融资。第二,间接融资规模逐步扩大。近年来,国际商业银行和投资银行日益关注我国节能和新能源领域,纷纷通过信贷担保的形式鼓励我国商业银行向新能源和能源效率投资领域发放贷款。例如,2007年6月,北京银行与国际金融公司(IFC)在北京签署了中国能效融资项目和全球贸易融资服务项目合作协议,北京银行将在IFC担保支持下为国内企业提供3亿元贷款支持其提高能源效率。第三,第三方融资日益规范(例如合同能源管理)。第三方融资的特点是企业无需支付改善能效的初始费用。节能项目的融资、设计、建设、运行及维护将全部由能源服务公司承担。工业企业按照合同与节能服务企业分享能源节约之后的收益。

我国政府在节能和清洁能源发展方面出台了一系列鼓励和优惠的财税政策(表3-9)。这些政策的实施,无疑提高了能源利用效率并促进了清洁能源的发展。

表3-9 我国能源相关领域主要财税政策

政策	时间	主要内容
综合政策		
国务院关于进一步加强安全生产工作的决定	2004.1	建立企业提取安全费用制度;依法加大生产经营单位对伤亡事故的经济赔偿
关于逐步建立矿山环境治理和生态恢复责任机制的指导意见	2006.2	从2006年起要逐步建立矿山环境治理和生态恢复责任机制;各地要按照"企业所有、政府监管、专款专用"的原则,由企业在地方财政部门指定的银行开设保证金账户,并按规定使用资金
国务院修改《资源税暂行条例》	2011.9	资源税的应纳税额,按照从价定率或者从量定额的办法,分别以应税产品的销售额乘以纳税人具体适用的比例税率或者以应税产品的销售数量乘以纳税人具体适用的定额税率计算
节能政策		
财政部关于《石油特别收益金征收管理办法》	2006.3	石油特别收益金实行5级超额累进从价定率计征,按月计算、按季缴纳;石油特别收益金征收比率按石油开采企业销售原油的月加权平均价格确定;为便于参照国际市场油价水平,原油价格按美元/桶计价,起征点为40美元/桶
国务院同意在山西省开展煤炭工业可持续发展政策措施试点	2006.6	在保持煤炭市场价格基本稳定的前提下,煤炭企业要足额核算安全成本、劳动力成本、资源成本、环境成本、转产成本,逐步使煤炭开采外部成本内在化,实现煤炭成本合理化;现有煤矿无偿取得的矿业权要实行有偿取得;将现行征收的山西能源基地建设基金调整为煤炭可持续发展基金

续表 3-9

政策	时间	主要内容
国务院关于加强节能工作的决定	2006.8	各级人民政府要对节能技术与产品推广、示范试点、宣传培训、信息服务和表彰奖励等工作给予支持,所需节能经费纳入各级人民政府财政预算;实行节能税收优惠政策;严格实施控制高耗能、高污染、资源性产品出口的政策措施;研究建立促进能源节约的燃油税收制度,以及控制高耗能加工贸易和抑制不合理能源消费的有关税收政策;抓紧研究并适时实施不同种类能源矿产资源计税方法改革方案;根据资源条件和市场变化情况,适当提高有关资源税征收标准;拓宽节能融资渠道,各类金融机构要切实加大对节能项目的信贷支持力度,推动和引导社会各方面加强对节能的资金投入
国务院关于实施成品油价格和税费改革的通知	2008.12	取消公路养路费等收费;逐步有序取消政府还贷二级公路收费;提高成品油消费税单位税额;汽油消费税单位税额每升提高0.8元,柴油消费税单位税额每升提高0.7元,其他成品油单位税额相应提高
合同能源管理财政奖励资金管理暂行办法	2010.6	2010年安排中央财政资金12.4亿元,对采用合同能源管理方式为企业实施节能改造的节能服务公司给予支持
节能产品惠民工程高效电机推广实施细则	2010	扩大公共服务领域节能和新能源汽车示范推广,对私人购买新能源汽车进行补贴;倡导使用小排量汽车,对符合条件的由中央财政按每辆3 000元的标准给予一次性补贴
清洁能源政策		
可再生能源发电价格和费用分摊管理试行办法	2006.1	办法适用范围为:风力发电、生物质发电(包括农林废物直接燃烧和氧化发电、垃圾焚烧和垃圾填埋气发电、沼气发电)、太阳能发电、海洋能发电和地热能发电;补贴电价标准为0.25元/kW·h;发电项目自投产日起,15年内享受补贴电价,运行满15年后,取消补贴电价
国务院关于加快煤层气抽采利用的若干意见	2006.6	利用煤层气发电,其上网电价执行国家价格主管部门批准的上网电价或执行当地火电脱硫机组标杆电价;对煤层气抽采利用实行税收优惠政策;对地面直接从事煤层气勘查开采的企业,2020年前可按国家有关规定申请减免探矿权使用费和采矿权使用费;各级人民政府要积极筹措资金,为煤层气抽采利用项目提供资金补助或贷款贴息
可再生能源发展专项资金管理暂行办法	2006.6	发展专项资金的使用方式包括无偿资助和贷款贴息;资助以下活动:可再生能源开发利用的科学技术研究标准制定和示范工程,农村和牧区生活可再生能源利用项目,偏远地区和海岛可再生能源独立电力系统建设,可再生能源的资源勘察、评价和相关信息系统建设,促进可再生能源开发利用设备的本地化生产

续表 3-9

政策	时间	主要内容
秸秆能源化利用补助资金管理暂行办法	2008.1	对符合支持条件的企业,根据企业每年实际销售秸秆能源产品的种类、数量折算消耗的秸秆种类和数量,中央财政按一定标准给予综合性补助
风力发电设备产业化专项资金管理暂行办法	2008.8	对符合支持条件企业的首50台兆瓦级风电机组,按600元/kW的标准给予补助,其中整机制造企业和关键零部件制造企业各占50%,并重点向关键零部件中的薄弱环节倾斜,补助资金主要用于新产品研发
太阳能光电建筑应用财政补助资金管理暂行办法	2009.2	2009年补助标准原则上定为20元/Wp,具体标准将根据与建筑结合程度、光电产品技术先进程度等因素分类确定
加快推进农村地区可再生能源建筑应用的实施方案	2009.7	2009年农村可再生能源建筑应用补助标准为:地源热泵技术应用为60元/m^2,一体化太阳能热利用为15元/m^2,以分户为单位的太阳能浴室、太阳能房等按新增投入的60%予以补助,每个示范县补助资金总额最高不超过1 800万元
金太阳示范工程财政补助资金管理暂行办法	2009.7	对规定范围内的并网光伏发电项目原则上按光伏发电系统及其配套输配电工程总投资的50%给予补助,偏远无电地区的独立光伏发电系统按总投资的70%给予补助
关于完善风力发电上网电价政策的通知	2009.7	制定了四类资源区风电标杆电价水平,分别为每千瓦时0.51元、0.54元、0.58元、0.61元;风电上网电价在当地脱硫燃煤机组标杆上网电价以内的部分,由当地省级电网负担,高出部分,通过全国征收的可再生能源电价附加分摊解决

2. 未来展望

强化财政扶持。整合现有政策渠道,完善可再生能源资金支持制度,加大对分布式能源和非常规能源发展的支持力度。继续安排中央预算内投资,支持农村电网改造升级、无电地区电力建设、煤矿安全改造、国家石油储备基地、能源自主创新、能源战略性新兴产业、节能减排等领域发展,研究建立健全西藏、新疆等边疆地区及无电地区能源投入长效机制。

完善税收政策。加快推进能源资源税改革,逐步理顺国家与开发主体、中央与地方资源收益分配关系。推进煤炭税费综合改革,清理各类违规收费,逐步推行资源税从价计征。强化能源消费环节税收调节,完善化石能源的消费税,加快环境保护税立法工作。

加强金融支持。加强信贷政策和能源产业政策的衔接配合。创新金融产品和服务,为能源投资多元化提供便利。拓宽企业投融资渠道,提高能源企业直接融资比重。

四、消费模式

1. 历史回顾

中国一直重视环境与气候变化领域的教育、宣传和公众参与。近年来,国家通过提出贯彻落实科学发展观、建设和谐社会和坚持走可持续发展道路等先进理念,不断引导全社会提高应对气候变化意识,树立人与自然和谐发展思想。中共中央政治局专门就全球气候变化和加强应对气候变化能力建设组织集体学习,强调大力提高全社会参与应对气候变化的意识和能力,营造全民应对气候变化的良好环境。国家把建设资源节约型和环境友好型社会作为学校教育和新闻宣传的重要内容,利用各种手段普及气候变化方面的相关知识,提高全社会的全球环境意识。

中国公众以实际行动积极应对气候变化。广泛参与自备购物袋、双面使用纸张、控制空调温度、不使用一次性筷子、购买节能产品、低碳出行、低碳饮食、低碳居住等节能低碳活动,从日常生活衣、食、住、行、用等细微之处,实践低碳生活消费方式。各地公众积极参与"地球一小时"倡议,在每年3月最后一个星期六晚上熄灯一小时,共同表达保护全球气候的意愿。开展千名青年环境友好使者行动等活动,在机关、学校、社区、军营、企业、公园和广场等宣讲环保理念,倡导低碳生活,践行绿色消费。在全国一些大中城市,低碳生活成为时尚,人们开始追求简约、低碳的生活方式。上海、重庆、天津等城市开展"酷中国——全民低碳行动",进行家庭碳排放调查和分析。哈尔滨等城市开展了节能减排社区行动,动员社区内的家庭、学校、商业服务、机关参与节能减排。中国各地的大、中、小学积极宣传低碳生活、保护环境,一些高校提出建设"绿色大学"等目标,得到了广泛的响应。

国家发展和改革委员会组织开展低碳省区和低碳城市试点工作。2010年,广东、辽宁、湖北、陕西、云南五省和天津、重庆、深圳、厦门、杭州、南昌、贵阳、保定八市成为首批入选省市。试点地区要举办面向各级、各部门领导干部的培训活动,提高决策、执行等环节对气候变化问题的重视程度和认识水平。大力开展宣传教育普及活动,鼓励低碳生活方式和行为,推广使用低碳产品,弘扬低碳生活理念,推动全民广泛参与和自觉行动。

2. 未来展望

中国将进一步推动低碳型的生活模式。加强应对气候变化相关的教育和培训。在基础教育、高等教育、成人教育中纳入气候变化的内容,重点引导青少年树立应对气候变化意识,积极参与气候变化的相关活动;举办针对政府部门、企业界、咨询机构和科研人员以及社区的气候变化培训和研讨班等,提高其对应对气候变化重要性和紧迫性的认识,促使其积极承担社会责任。

扎实推进低碳试点。组织试点省区和城市编制低碳发展规划,积极探索具有本地区特色的低碳发展模式,率先形成有利于低碳发展的政策体系和体制机制,加快建立以低碳为特征的产业体系和消费模式。组织开展低碳产业园区、低碳社区和低碳商业试点。

着力加强用能管理。加大高效节能技术产品推广力度,强化能效标识和节能产品认证制度,扩大节能产品政府采购,实施节能产品惠民工程。开展合理用能全民行动,倡导合理用能生活方式和消费模式。

低碳、环境友好住宅广泛利用。在国民生活方式上,充分利用清洁能源,节能家用电器普及,农村生活用能转向商品能源,低碳、节能型建筑得到广泛利用。

五、国际合作

1. 历史回顾

中国本着"互利共赢,务实有效"的原则积极参加和推动与各国政府、国际组织、国际机构的务实合作,为促进国际社会合作应对气候变化发挥着积极的建设性作用。2010年3月,中国颁布《应对气候变化领域对外合作管理暂行办法》,进一步规范和促进了气候变化国际合作。

拓展与国际组织合作。加强与相关国际组织和机构的信息沟通、资源共享及务实合作,签署了一系列合作研究协议,实施了一批研究项目,内容涉及气候变化的科学问题、减缓和适应、应对政策和措施等,主要包括与联合国开发计划署、世界银行、欧洲投资银行开展项目合作,与亚洲开发银行、碳收集领导人论坛、全球碳捕集和封存研究院开展碳捕集、利用和封存领域相关合作,与全球环境基金开展了中国技术需求评估项目合作,与能源基金会合作开展编制温室气体清单能力建设及相关政策、技术路线研究、气候变化立法研究等。中国积极参与相关国际科技合作计划,如地球科学系统联盟框架下的世界气候研究计划、国家地圈—生物圈计划、国家全球变化人文因素计划、全球对地观测政府间协调组织、全球气候系统观测计划等。

加强与发达国家务实合作。中国与美国、欧盟、意大利、德国、挪威、英国、法国、澳大利亚、加拿大、日本等国家和地区建立了气候变化领域对话及合作机制,签署相关联合声明、谅解备忘录和合作协议等,将气候变化作为双方合作的重要内容。推动中日节能环保合作,与美国在建筑节能、清洁煤/碳捕集与封存、清洁能源汽车3个优先领域开展联合研究,与德国在电动汽车领域开展深入的科技合作,与澳大利亚开展二氧化碳地质封存合作,与意大利开展清洁能源/碳捕集与封存技术合作,与欧盟开展建筑能效与质量合作,与英国推进绿色建筑和生态城市发展合作,与加拿大开展采用现代木结构建筑技术应对气候变化合作,与瑞典开展城乡可持续发展领域合作。

积极开展清洁发展机制(Clean Development Mechanism,简称CDM)项目合作。为促进清洁发展机制项目在中国的有序开展,2005年中国制定和颁布实施了《清洁发展机制项目运行管理办法》。2010年,为提高清洁发展机制项目开发和审定核查效率,又对该管理办法进行了修订。大力开展相关能力建设,提高推动清洁发展机制项目开发的能力。每年组织专家计算电网基准线排放因子,及时公布和共享信息。截至2011年7月,中国已经批准了3 154个清洁发展机制项目,主要集中在新能源和可再生能源、节能和提高能效、甲烷回收利用等方面。其中,已有1 560个项目在联合国清洁发展机制执行理事会成功注册,占全世界注册项目总数的45.67%,已注册项目预计经核证的减排量(CER)年签发量约3.28亿t二氧化碳当量,占全世界总量的63.84%。

2. 未来展望

继续加强与发达国家的交流和对话,开展应对气候变化能力建设与培训,实施适应气候变化技术合作项目,组织节能、节水、新能源产品与设施推广赠送活动,逐步形成具有总体规划指导、专项经费支持、成熟稳定队伍,能够有效覆盖减缓、适应、技术转让、能力建设等各领域的综合性对外交流与合作体系。

第四章　模型参数的设定

模型的求解可以分为两步，第一步是要决定终端部门能源服务的需求，第二步是根据终端部门能源服务的需求以及能源资源的加工转换和利用过程来求解对一次能源资源的需求。

第一节　终端部门能源服务的需求

终端部门能源服务的需求取决于终端部门的经济活动水平和产品结构。在本研究中，终端部门包括农业、工业、建筑业、交通、居民和商用，其中工业部门包括高耗能行业、轻工业和制造业，高耗能行业又包括采掘业、造纸业、石油加工及炼焦业、化学原料及制品业、非金属矿物制品业、黑色金属冶炼及压延业、有色金属冶炼及压延业、电力煤气及水生产供应业八个部门[①]。

终端部门的经济活动水平和产品结构除了受到经济增长、工业化、城市化等因素的影响外，还受到产业政策的影响。1989年《国务院关于当前产业政策要点的决定》的发布标志着我国政府正式将"产业政策"列入国民经济计划和规划。这一时期我国在产业结构上存在的主要问题是，加工产业生产能力过大，农业、能源、原材料和交通运输等基础产业生产能力不足。20世纪90年代中期以后，随着我国宏观经济环境的改善和国内外市场需求的变化，我国产业结构也发生了深刻变化。产业结构调整的重点，从实现产业比例关系的协调转向全面提高产业素质和国际竞争力。

进入21世纪以来，伴随着经济的较快增长，我国出现了资源消耗过快、环境污染代价过大的问题。2005年国务院出台了《促进产业结构调整暂行规定》，要求进一步转变经济增长方式，推进产业结构调整和优化升级，并要求各地区制订具体措施，合理引导投资方向，鼓励和支持发展先进生产能力，限制和淘汰落后生产能力，防止盲目投资和低水平重复建设，切实推进产业结构优化升级。

2008年美国金融危机爆发，并迅速向其他国家蔓延。为应对国际金融危机的冲击和影响，党中央、国务院审时度势，及时制定和实施了扩大内需、促进经济增长的一揽子计

[①] 国内也有专家在计算终端能源时，将煤炭、油气田、炼油、发电、电厂自用能算作加工、转换和储运环节，这样加工转换部门的能源消费量较高。

划。按照"保增长、扩内需、调结构"的总体要求,出台了钢铁、汽车、纺织、装备制造业、船舶工业、电子信息产业、轻工业、石化产业、有色金属、物流业十个重点产业调整和振兴规划,在推动结构调整方面提出了控制总量、淘汰落后、兼并重组、技术改造、自主创新等一系列对策措施。此后,产业发展总体向好,但不少领域产能过剩、重复建设问题仍很突出,有的甚至还在加剧。例如,不仅钢铁、水泥等产能过剩的传统产业仍在盲目扩张,风电设备、多晶硅等新兴产业也出现了重复建设倾向。在此背景下,2009年国务院批转国家发展和改革委员会等部门《关于抑制部分行业产能过剩和重复建设引导产业健康发展的若干意见》,2010年国务院出台了《关于进一步加强淘汰落后产能工作的通知》,要求综合运用法律、经济、技术及必要的行政手段,进一步建立健全淘汰落后产能的长效机制,确保按期实现淘汰落后产能的各项目标。

本研究将重点放在工业、交通、居民和商用上。工业是我国的耗能大户(特别是高耗能行业),对我国未来的能源总需求仍起着支配性作用;交通、居民和商用则是我国未来能源需求的主要增长点。由于农业和建筑业用能在能源结构中的比重较少,未来会有一定的增长,但潜力有限。

一、工业部门未来能源服务需求发展趋势

我国工业发展迅速,工业品产量持续翻番,具备了庞大的生产能力。以工业为主的第二产业是中国改革开放以来经济社会发展的持续推动力。从具体的工业生产能力来看,主要工业品产量持续翻番(表4-1)。到2000年,中国就已成为名副其实的工业生产大国,主要工业产品产量都居世界前列。2008年中国粗钢、铝锭、水泥、平板玻璃占全球的比重分别是38.3%、32.7%、50.0%、48.0%。

发达国家工业化经验表明,工业化中期在家园建设需求和工业自身发展需求的拉动下,化工、冶金、金属制品、电力等以原材料生产和初级加工为特征的工业以前所未有的速度快速发展,从而带来了能源资源的大量消耗。发达国家的发展历史表明,工业化中期对钢铁、水泥和化石能源的大量消耗是一种经济发展规律,需求的规律很难打破,除非能找到新型基础原材料和新型能源来替代钢铁、水泥和化石能源。

从既有规律来看,发达国家钢铁、水泥的产量增长都呈现4个周期:投入期、成长期、成熟期和衰退期。成长期的钢铁、水泥产量增长最快,对应着工业化中期阶段;成熟期钢铁、水泥产量达到峰值,对应着很高的城市化率,如钢铁产量进入成熟期时,美国的城市化率已经达到72%、法国已达到73%、日本已达到77%。钢铁产量达到峰值时,国家的城市化和工业化已经基本完成,进入后工业化时期。之后,钢铁、水泥产量由于国内需求下降而逐渐减少,最终稳定在某一水平。

研究表明,在一个国家人均钢蓄积量达到5t以前,其钢材消费量均保持较高的增长势头,而且越晚实现工业化的国家,其高耗能产品人均蓄积量也越高。如美国在1961年人均GDP达到10 000美元时,其人均钢铁累积量为12t,而韩国在处于同一经济阶段时

人均累积量达到16t。水泥的发展规律与钢铁类似,在人均累积消费量为15t以前,也会保持较高的增长势头。

表4-1 中国主要高耗能产品产量

产品 \ 年份 产量	1995	2000	2005	2010
钢材(亿t)	0.9	1.31	3.78	8.03
水泥(亿t)	4.76	5.97	10.69	18.82
平板玻璃(亿重量箱)	1.57	1.84	4.02	6.63
精炼铜(万t)			260.68	458.65
电解铝(万t)			778.68	1 577.13
纯碱(万t)	597.71	834.00	1 239.98	2 034.82
烧碱(万t)	531.82	667.88	1 421.08	2 228.39
纸和纸板(万t)	2 812.3	2 486.94	6 205.42	9 832.63
乙烯(万t)	239.7		755.54	1 421.34
合成氨(万t)	2 742.06	3 363.70	4 596.25	4 964.59

资料来源:国家统计局,中国统计年鉴,各年。

除了钢铁、水泥以外,合成氨、乙烯、铜、铝、纸的需求也都随着工业化和现代化进程而快速增加。与高耗能产品大量生产消费阶段相对应的,是能源和资源大量消耗。在工业化的这个特定历史阶段,经济发展典型地表现为原材料的高消耗和能源的高消耗,特别是单位GDP钢材消费、单位GDP水泥消费,与单位GDP的能源消费呈明显的对应关系。直到工业化中、后期,经济结构顺利升级,原材料生产部门对经济的贡献比重逐渐降低以后,经济发展对能源消耗的依赖程度才逐渐降低。

目前,中国的家园建设阶段刚刚开始,无论是人们生活居住、出行需求还是公共基础设施的完善程度都远远落后于发达国家,西部地区与发达国家的差距更大。2007年中国钢蓄积量为44亿t,人均钢蓄积量为3.4t,人均水泥蓄积量不到10t,需求的增长空间还很大。预计在未来40年中,随着中国汽车需求和房地产需求的增长以及机械工业在制造业中地位的加强,钢铁、水泥、电解铝等高耗能产品的产量规模仍将高居世界前列。尽管中国经济发展对能源消耗依赖程度有所降低,但能源资源消耗的绝对水平在较长时期内很难显著下降。

公路、铁路、机场等交通基础设施是社会赖以生存发展的重要物质基础。一个国家的现代化,必须要有足够完善的基础设施与之相匹配。发达国家的经验表明,工业化的过程是与交通基础设施的建设相伴随的。只有基本完成交通基础设施的大规模建设,工业化才能基本实现。

在公路方面,目前发达国家的公路密度大多在 $1.0km/km^2$ 以上,人均道路长度在 60km/万人以上。目前中国的道路密度和人均道路长度都不到发达国家的一半,远远落后于发达国家。中国的公路建设已经成为制约一些地区经济发展的重要瓶颈。作为一个人口数量大、出行要求高的国家,中国公路里程至少要有一定的发展。

从铁路发展的需求上来看,美国人均铁路里程目前为 6.9km/万人,日本人均铁路里程为 1.6km/万人。与之相比,中国的人均铁路里程还不到日本的一半,更不用说美国了。中国每百平方千米铁路密度不到 2km,而德国铁路密度每百平方千米已超过 10km。在欧洲和日本,火车已成为最方便的出行工具。作为一个国土面积与美国、欧盟几乎相等的大国,中国无论是普通铁路还是高速铁路,建设规模的需求还相当大。

目前中国总体上仍处于工业化中期阶段。2002 年中共十六大提出了 2020 年我国基本上实现工业化的奋斗目标。就全国平均水平而言,中国居民的消费结构已经从"衣""食"阶段转向"住""行"阶段,即进入"住房"和"交通工具"为主要内容的经济建设阶段。虽然东部发达地区居民基本达到先行工业化国家的生活水平,但仍有 80% 的人口处在快速工业化和现代化的过程中,其住房面积、人均基础设施和服务水平还比较低。中国东、西部的地区差异也表明,在未来相当长的时间内,中国以钢铁、水泥等高耗能产品为基础的"土木钢铁经济"时代还将持续下去,而这一阶段需要依靠大量的钢铁、水泥、有色金属、木材、煤炭、石油等矿产资源的持续积累。这种国家经济发展必须经历的硬件建设过程是难以跨越的。水泥基本上是一次性消费商品,不可重复利用;而钢铁在使用寿命结束后,还可作为原料和废料进一步加工利用。

随着工业化进程的不断推进,工业部门的发展将出现新的特征,主要表现在产量增速减缓,经济效益提高,结构不断优化,增长质量不断提高。2009 年国务院通过的十大产业振兴规划对钢铁、石化、有色金属等产业都提出了严格控制产品总量、加快淘汰落后产能的要求。具体而言,在工业部门内部进行多层次的结构调整,提高高附加值产品比重和非高耗能产业在工业部门增加值中所占比重。在工业化进程不断推进和高耗能行业结构调整效果日益显现的背景下,工业部门的能源需求将明显低于其他部门的增长速度,某些高耗能行业还需要做到"增产(值)不增能"。

关于中国到 2050 年主要高耗能产品产量,本项研究认为,钢铁、水泥等将经历一个"先升后降"的过程,其他高耗能产品将呈现一个平缓增长和稳定型的发展态势(表 4-2)。

表 4-2 2050 年中国主要高耗能产品产量展望

年份 产量 产品	2010	2020	2030	2040	2050
钢材产量(亿t)	8.03	9.5	10.6	10.1	10.0
水泥(亿t)	18.82	23.9	25.9	24.9	23.1
玻璃(亿重量箱)	6.63	8.4	9.1	8.9	7.4
铜(万t)	458.65	607.4	630.3	650.0	583.5
铝(万t)	1 577.13	2 088.7	2 167.2	2 206.4	2 000.0
纯碱(万t)	2 034.82	2 588.6	2 694.8	2 796.1	2 800.0
烧碱(万t)	2 228.39	2 834.9	2 951.1	3 062.1	3 100.0
纸和纸板(万t)	9 832.63	12 508.8	13 021.7	13 511.5	11 041.6
乙烯(万t)	1 421.34	1 882.3	1 896.1	1 953.1	2 000.0
合成氨(万t)	4 964.59	5 575.0	6 315.8	6 574.8	6 600.0

注：以上产品的产量未考虑国际贸易情况，仅与国内需求平衡。

二、交通、居民和商业用能未来发展趋势

改革开放以前，城乡居民生活基本上处在温饱不足状态，农村还有 2.5 亿贫困人口。经过 30 多年经济的快速发展，居民生活明显改善，居民拥有的财富迅速增加。改革开放的 30 多年，是人民群众得到实惠最多、生活水平提高最快的 30 年，是城乡居民生活实现从温饱不足到总体小康历史性跨越的 30 年。

城乡居民收入水平和富裕程度显著提高。城镇居民人均可支配收入由 1978 年的 343.4 元提高到 2010 年的 19 109 元；农村居民人均纯收入由 133.6 元提高到 5 919 元。扣除物价上涨因素，两者比 1978 年均上涨了近 8 倍。城乡居民拥有的财富呈快速增长趋势。2010 年底城乡居民人民币储蓄存款余额达 30.3 万亿元，比 1978 年底的 211 亿元增加了 1 437 倍，人均由 21.9 元增加到 22 618 元。收入和储蓄水平的提高，为居民消费数量的增加和质量的提高奠定了基础。

随着收入的增加，居民耐用消费品数量迅速提高，质量和档次显著升级。

家用电器拥有量。从城镇居民家庭主要大件耐用消费品百户拥有量来看，2010 年底彩电、冰箱、洗衣机的普及率已经很高，基本上处于饱和状态；空调、热水器、电脑也已成为具有相当普及率的大众消费品(表 4-3)。与城镇居民不同，农村居民只有彩电普及率较高，基本上处于饱和水平，冰箱、洗衣机、空调、电脑还在明显上升(表 4-4)。

表 4-3 城镇居民家庭平均每百户年底耐用消费品拥有量

年份 指标 耐用消费品	1990	1995	2000	2005	2010
摩托车(辆)	1.94	6.29	18.80	25.00	22.51
洗衣机(台)	78.41	88.97	90.50	95.51	96.92
电冰箱(台)	42.33	66.22	80.10	90.72	96.61
彩色电视机(台)	59.04	89.79	116.60	134.80	137.43
组合音箱(套)		10.52	22.20	28.79	28.08
照相机(架)	19.22	30.56	38.40	46.94	43.70
空调机(台)	0.34	8.09	30.80	80.67	112.07
淋浴热水器(台)		30.05	49.10	72.65	84.82
家用电脑(台)			9.70	41.52	71.16
摄像机(架)			1.30	4.32	8.20
微波炉(台)			17.60	47.61	59.00
健身器材(套)			3.50	4.68	4.24
移动电话(部)			19.50	137.00	188.86
固定电话(部)				94.40	80.94
家用汽车(辆)			0.50	3.37	13.07

资料来源:国家统计局,中国统计年鉴,2011年。

与此同时,城乡居民居住面积不断增加。2010年底城镇居民人均住房建筑面积31.6m²,比1990年增加了17.9m²;2010年农村人均居住面积34.1m²,比1990年增加了16.3m²(表4-5)。城镇人均住房建筑面积翻了一番,农村人均居住面积也几乎翻了一番。中国居民的消费结构已经开始从满足"衣""食"需求为主阶段,向"住""行""乐"为主转变,从"温饱型"向"发展型"和"享受型"转变,而且这种转变呈"指数化"加快增长,在居民消费心理上迅速向发达国家看齐。

表4-4 农村居民家庭平均每百户年底耐用消费品拥有量

年份 指标 耐用消费品	1990	1995	2000	2005	2010
洗衣机(台)	9.12	16.90	28.58	40.20	57.32
电冰箱(台)	1.22	5.15	12.31	20.10	45.19
空调机(台)		0.18	1.32	6.40	16.00
抽油烟机(台)		0.61	2.75	5.98	11.11
自行车(辆)	118.33	147.02	120.48	98.37	95.98
摩托车(辆)	0.89	4.91	21.94	40.70	59.02
固定电话(部)			26.38	58.37	60.76
移动电话(部)			4.32	50.24	136.54
黑白电视机(台)	39.72	63.81	52.97	21.77	6.38
彩色电视机(台)	4.72	16.92	48.74	84.08	111.79
照相机(台)	0.70	1.42	3.12	4.05	5.17
家用计算机(台)			0.47	2.10	10.37

资料来源：国家统计局，中国统计年鉴，2011年。

表4-5 我国人均住房建筑面积

年份 类别	1990	1995	2000	2005	2010
城市人均建筑面积(m^2)	13.7	16.3	20.3	26.1	31.6*
农村人均居住面积(m^2)	17.8	21.0	24.8	29.7	34.1

资料来源：国家统计局，中国统计年鉴，各年。

注：*指城镇人均建筑面积。

伴随着工业化、城市化进程的加快，我国交通运输量也迅速增加。表4-6和表4-7罗列了中国货运量和货物周转量的变化状况。从中可以看出，货运量1990—2000年年均增长3.4%，2000—2010年年均增长9.1%。1990—2000年中国货物周转量年均增长5.4%，2000—2010年年均增长12.6%。表4-8和表4-9给出了中国客运量和旅客周转量的变化情况。客运量1990—2000年年均增长6.6%，2000—2010年年均增长8.3%。1990—2000年中国旅客周转量年均增长8.1%，2000—2010年年均增长8.5%。

表 4-6 货运量 （单位：万 t）

年份	货运量	铁路	公路	水运	民航	管道
1978	248 946	110 119	85 182	43 292	6.4	10 347
1980	546 537	111 279	382 048	42 676	8.9	10 525
1985	745 763	130 709	538 062	63 322	19.5	13 650
1990	970 602	150 681	724 040	80 094	37	15 750
1995	1 234 937	165 982	940 387	113 194	101.1	15 274
2000	1 358 682	178 581	1 038 813	122 391	196.7	18 700
2001	1 401 786	193 189	1 056 312	132 675	171	19 439
2002	1 483 446	204 955	1 116 324	141 832	202.1	20 133
2003	1 561 422	221 178	1 159 957	158 070	219	21 997
2004	1 706 412	249 017	1 244 990	187 394	276.7	24 734
2005	1 862 066	269 296	1 341 778	219 648	306.7	31 037
2006	2 037 060	288 224	1 466 347	248 703	349.4	33 436
2007	2 275 822	314 237	1 639 432	281 199	401.8	40 552
2008	2 585 937	330 354	1 916 759	294 510	407.6	43 906
2009	2 825 222	333 348	2 127 834	318 996	445.5	44 598
2010	3 241 807	364 271	2 448 052	378 949	563.0	49 972

资料来源：国家统计局，中国统计年鉴，各年。

表 4-7 货物周转量 （单位：亿 t·km）

年份	货物周转量	铁路	公路	水运	民航	管道
1978	9 829	5 345.2	274.1	3 779.2	0.97	430
1980	12 026	5 716.9	764	5 052.8	1.41	491
1985	18 365	8 125.7	1 903.2	7 729.3	4.15	603
1990	26 207	10 622.4	3 358.1	11 591.9	8.2	627
1995	35 909	13 049.5	4 694.9	17 552.2	22.3	590
2000	44 321	13 770.5	6 129.4	23 734.2	50.27	636
2001	47 710	14 694.1	6 330.4	25 988.9	43.72	653

续表 4-7

年份	货物周转量	铁路	公路	水运	民航	管道
2002	50 686	15 658.4	6 782.5	27 510.6	51.55	683
2003	53 859	17 246.7	7 099.5	28 715.8	57.9	739
2004	69 445	19 288.8	7 840.9	41 428.7	71.8	815
2005	80 258	20 726	8 693.2	49 672.3	78.9	1 088
2006	88 840	21 954	9 754	55 486	94	1 551
2007	101 419	23 797	11 355	64 285	116	1 866
2008	110 300	25 106.3	32 868.2	50 262.7	119.60	1 944
2009	122 133	25 239.2	37 188.8	57 556.7	126.23	2 022
2010	141 837	27 644.1	43 389.7	68 427.5	178.90	2 197

资料来源：国家统计局，中国统计年鉴，各年。

表 4-8 客运量　　　　　　　　　　　　　　（单位：万人）

年份	客运量	铁路	公路	水运	民航
1978	253 993	81 491	149 229	23 042	231
1980	341 785	92 204	222 799	26 439	343
1985	620 206	112 110	476 486	30 863	747
1990	772 682	95 712	648 085	27 225	1 660
1995	1 172 596	102 745	1 040 810	23 924	5 117
2000	1 478 573	105 073	1 347 392	19 386	6 722
2001	1 534 122	105 155	1 402 798	18 645	7 524
2002	1 608 150	105 606	1 475 257	18 693	8 594
2003	1 587 497	97 260	1 464 335	17 142	8 759
2004	1 767 453	111 764	1 624 526	19 040	12 123
2005	1 847 018	115 583	1 697 381	20 227	13 827
2006	2 024 158	125 656	1 860 487	22 047	15 968
2007	2 227 761	135 670	2 050 680	22 835	18 576
2008	2 867 892	146 193	2 682 114	20 334	19 251
2009	2 976 898	152 451	2 779 081	22 314	23 052
2010	3 269 508	167 609	3 052 738	22 392	26 769

资料来源：国家统计局，中国统计年鉴，各年。

表 4-9　旅客周转量　　　　　　　　　　（单位：亿人·km）

年份	旅客周转量	铁路	公路	水运	民航
1978	1 743.1	1 093.2	521.3	100.6	27.9
1980	2 281.3	1 383.2	729.5	129.1	39.6
1985	4 436.4	2 416.1	1 724.9	178.7	116.7
1990	5 628.4	2 612.6	2 620.3	164.9	230.5
1995	9 001.9	3 545.7	4 603.1	171.8	681.3
2000	12 261.1	4 532.6	6 657.4	100.5	970.5
2001	13 155.1	4 766.8	7 207.1	89.9	1 091.4
2002	14 125.6	4 969.4	7 805.8	81.8	1 268.7
2003	13 810.5	4 788.6	7 695.6	63.1	1 263.2
2004	16 309.1	5 712.2	8 748.4	66.3	1 782.3
2005	17 466.7	6 062.0	9 292.1	67.8	2 044.9
2006	19 197.2	6 622.1	10 130.8	73.6	2 370.7
2007	21 592.6	7 216.3	11 506.8	77.8	2 791.7
2008	23 196.7	7 778.6	12 476.1	59.2	2 882.8
2009	24 834.9	7 878.9	13 511.4	69.4	3 375.2
2010	27 894.3	8 762.2	15 020.8	72.3	4 039.0

资料来源：国家统计局，中国统计年鉴，各年。

随着中国城乡居民人均收入水平的稳步提高，越来越多的家用电器、汽车进入家庭，人均居住面积也稳步增加。随着人们生活品质的提升，人均生活能源消费量也逐渐增加（图 4-1）。

图 4-1 中农村居民生活用能量的增加伴随着由商品能源替代非商品能源的过程，而城镇居民用能趋于优质化，即从使用煤炭向天然气和电力转变，由于清洁能源利用效率更高，城镇居民人均生活用能量呈现出先降后升的现象。

尽管中国 1978 年改革开放后人们生活取得了显著的改善，但是与发达国家相比，广大人民的物质生活条件依旧十分贫乏。在每百户家庭电器拥有量方面，中国与日本相比，还存在一定的差距，农村地区尤为如此。改革开放以来，中国城镇居民的生活水平快速改善，彩色电视机、空调、电冰箱的保有量迅速增加。但与日本相比，日本每户拥有的彩电数量和家用电脑数量是中国城镇居民的两倍左右，空调数量接近 3 倍（图 4-2）。更值得关注的是，作为拥有中国 50%人口的农村居民的生活水平不仅显著低于日本水平，与中国

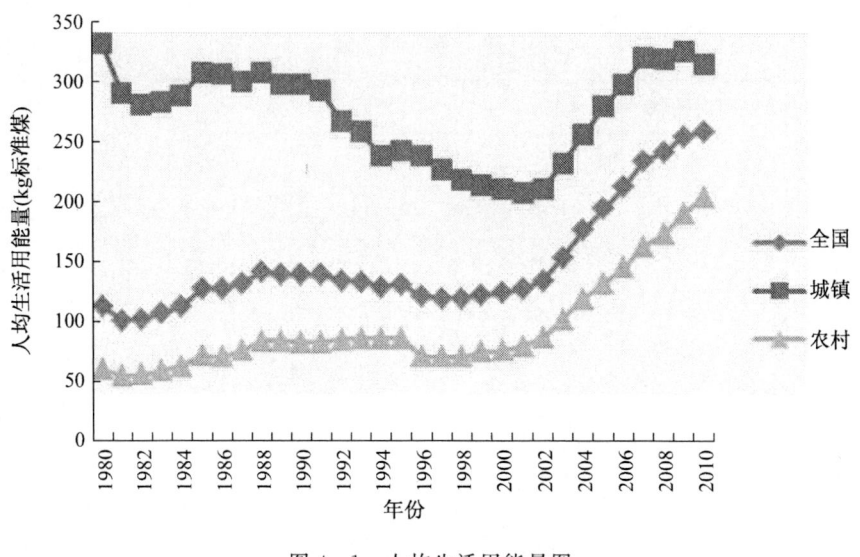

图 4-1 人均生活用能量图
(数据来源:中国能源统计年鉴,2011)

城镇居民相比也有很大的差距。除了彩色电视机能够保证接近每家 1 台以外,空调、电冰箱、电脑的数量明显偏低,中国农村的物质生活条件改善空间相当大。

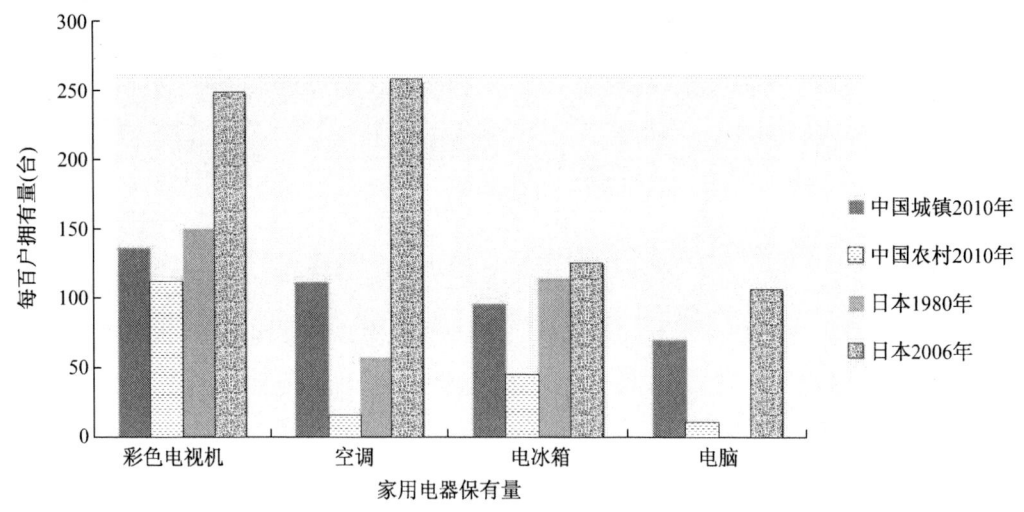

图 4-2 中国城乡居民与日本居民每百户家庭家用电器拥有率的比较

汽车和住房已经成为中国居民消费升级的新热点。与发达国家相比,中国的人均住宅面积和百户居民汽车保有量仍有一定的上升空间,在民用汽车方面尤为如此。

图 4-3 给出了日本、美国和一些欧洲国家人均住宅使用面积与中国的比较。中国城镇居民的人均住宅使用面积与发达国家还有一些差距,尤其考虑到中国统计的是人均住宅建筑面积。通常,剔除公摊的因素,使用面积只有建筑面积的 80% 左右。

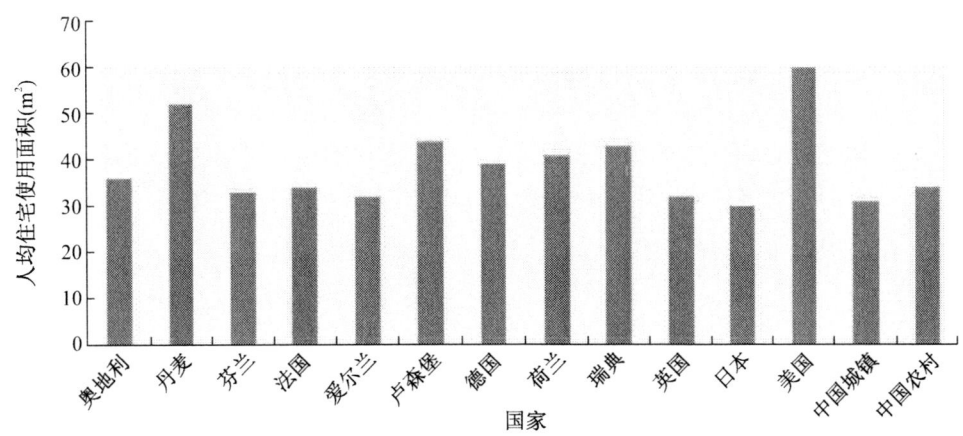

图 4-3 中国与发达国家人均住宅使用面积的对比

注：中国城镇指的是人均住宅建筑面积，中国农村指的是人均住宅居住面积。

图 4-4 给出了中国与发达国家千人汽车保有量的比较。从图中可以看出，2004 年发达国家（或地区）的千人汽车保有量至少都在 300 辆以上，发达国家平均水平为 541 辆，全世界平均为 137 辆。中国 2007 年千人汽车保有量还不到发达国家（或地区）最低水平的 10%，增长潜力相当大。

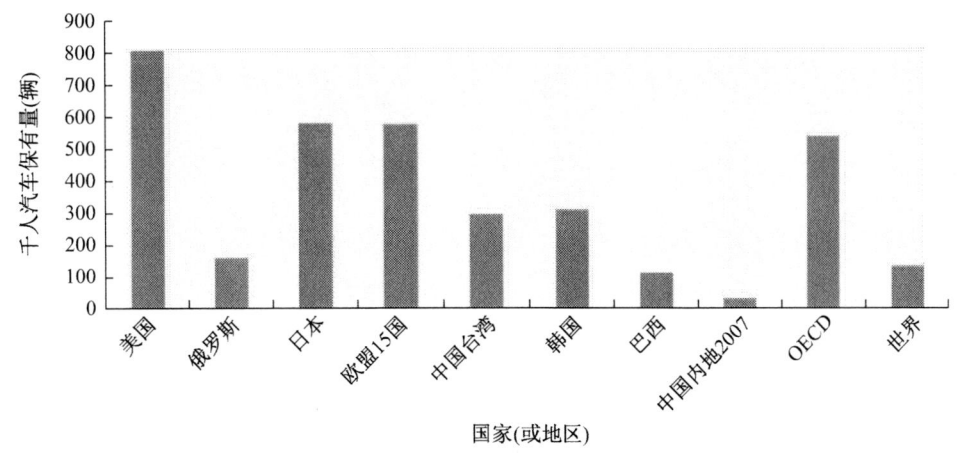

图 4-4 汽车拥有率国际比较（中国内地以外的为 2004 年数据）

（资料来源：日本能源经济统计手册，2007）

进入 21 世纪后，随着上海、北京、广州等大城市人均收入的快速增加，汽车在这些城市中迅速进入家庭，显著改变了居民生活出行的方式和城市交通的管理方式。今后大量中、小城市私人汽车逐渐普及，居民生活方式将会出现更大的变化。近年来，北京、上海和广州出现了摇号或拍卖方式以控制私家汽车拥有量过快增长的现象。

建设部提出了小康社会的住房标准：到 2020 年实现"户均一套房，人均一间房、功能配套、设备齐全"。课题组预计，随着人均收入的增加，21 世纪中叶时，中国城乡家庭的人均家电保有量、汽车保有量、人均住宅面积也基本达到日本或欧洲目前的水平。

此外,与中国城市化率增长相伴随的,是中国在未来40年中必须为相当于目前全部美国人口的中国人提供在城镇工作及生活所必需的全部物质条件和生活服务。城市住房、道路、管网等城市基础设施的大规模建设,将伴随着钢铁、水泥的大量消耗。此外,就城镇居民享受的能源服务来看,目前中国城镇人均能源消费量是农村居民的两倍以上。3亿人口从农村流向城市,会增加中国人均生活能源消费。城市化率的提高,必然导致能源需求的增加。

第二节　技术参数

一、总体技术参数

1980—2000年,在"节能优先"的能源发展战略指导下,中国实现了能源消费翻一番保证国民经济发展翻两番的目标,能源消耗弹性系数降至0.5左右,在减少二氧化碳排放上对世界应对气候变化做出了引人瞩目的贡献。2020年的中国能源发展战略是"保障供应、节能优先、结构优化、环境友好、政府主导、市场推进",再次以能源消费翻一番实现国民经济发展翻两番,重现1980—2000年的辉煌。随着中国城市化、工业化、市场化和全球化的高速发展,"十五"期间能源消费的状况偏离了2020年能源战略目标。2003年能源消费弹性系数达到1.53,2004年进一步上升到1.6(图4-5)。依靠资源的高投入、高污染、低效率和二氧化碳排放剧增实现了经济的高速增长。2008年中国已成为世界上最大的温室气体排放国家,遭遇到前所未有的挑战。

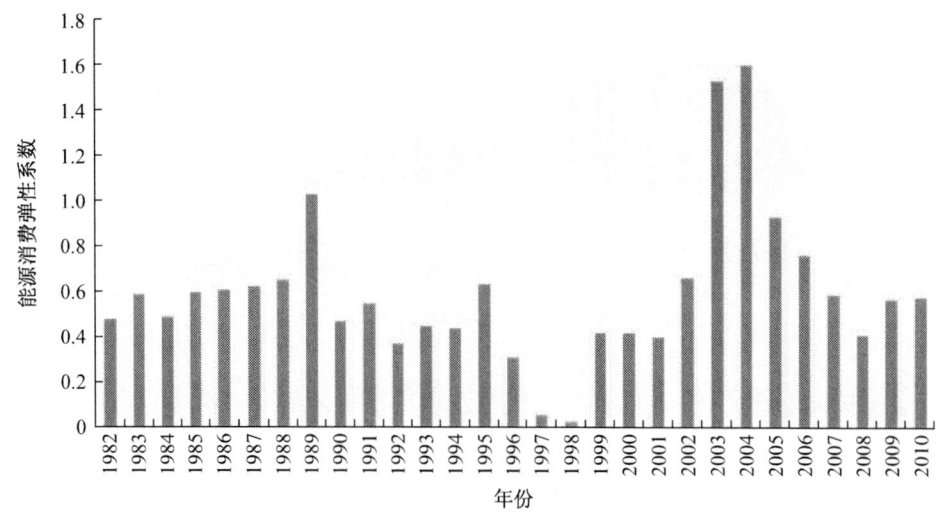

图4-5　我国能源消费弹性系数

(资源来源:中国能源统计年鉴,2001)

在总结中国实行节能优先战略20多年实践的基础上,单位GDP能耗强度在国家的"十一五"发展规划中第一次作为限制性指标被提出。中国在能源效率提高上第一次有了量化的指标,这是一个创造。节能目标成为保障中国能源长期可持续供应的核心问题。为了提高能源效率和完成节能目标,政府制定了一系列旨在提高能源技术效率的政策措施(表4-10)。

表4-10 中国正在推行的提高能源技术效率的主要政策措施

交通	建筑物	工业	能源转换部门
车辆燃油税改革	建筑物节能标准	推行自愿节能协议	深化电力体制改革
发展公共交通模式,大中城市内建立智能交通系统	家用电器最低效率标准、标识制度	修订行业节能设计规范	新建燃煤电站普遍安装脱硫装置
促进清洁燃料汽车发展	新型建筑节能墙体的推行	建立工业产品标识和能耗等级体系	发电行业"上大压小"
鼓励节能环保型汽车发展	诸如绿色照明等大型工程的示范推广	千家企业节能工程	大力发展低碳、无碳能源
完善燃料效率标准		实施和推广节能法	鼓励燃料电池、太阳能光伏电池等技术的研发和应用

主要高耗能部门(如冶金、化工、建材、石化、电力等行业)通过引进、开发节能新工艺、新技术,使得单位能耗有了较大幅度的下降。主要高耗能产品的单位能耗与国际先进水平的差距也明显缩小,例如中国火电厂发电煤耗与日本的差距不到10%(表4-11)。

表4-11 主要高耗能产品单位能耗中外比较

名称	国家 年份	1990	1995	2000	2005	2008	2009
火电厂发电煤耗 (kg标准煤/kW·h)	中国	392	379	363	343	322	320
	日本	317	315	303	301	297	294
	意大利	326	319	315	288	276	
	韩国	332	322	311	302	301	
钢可比能耗 (kg标准煤/t)	中国	997	976	784	732	709	679
	日本	629	656	646	640	626	612
水泥综合能耗 (kg标准煤/t)	中国	201	199	181	167	151	
	日本	123	124	126	127	123	
乙烯综合能耗 (kg标准煤/t)	中国	1 580		1 125	1 073	1 010	976
	国外	897		714	629	629	629

续表 4-11

名 称 \ 年份 \ 国家		1990年	1995年	2000年	2005年	2008年	2009年
合成氨综合能耗 （kg 标准煤/t）	中国	2035	1 849	1 700	1 700		1 590
	中国（大型装置）	1 343	1 347	1 327	1 340		
	美国（大型装置）	1 000	1 000	970	970		
纸和纸板综合能耗 （kg 标准煤/t）	中国	1 550		1 540	1 380	1 153	1 090
	日本	744		678	640	626	580

资料来源：中国能源统计年鉴，2011。

在能源加工转换环节，发电（主要是燃煤电厂）和炼焦效率有了明显的改善，带动能源加工转换总效率有所提高。炼油效率略有下降，主要是进口原油比重上升且含硫量较高的缘故（图4-6）。

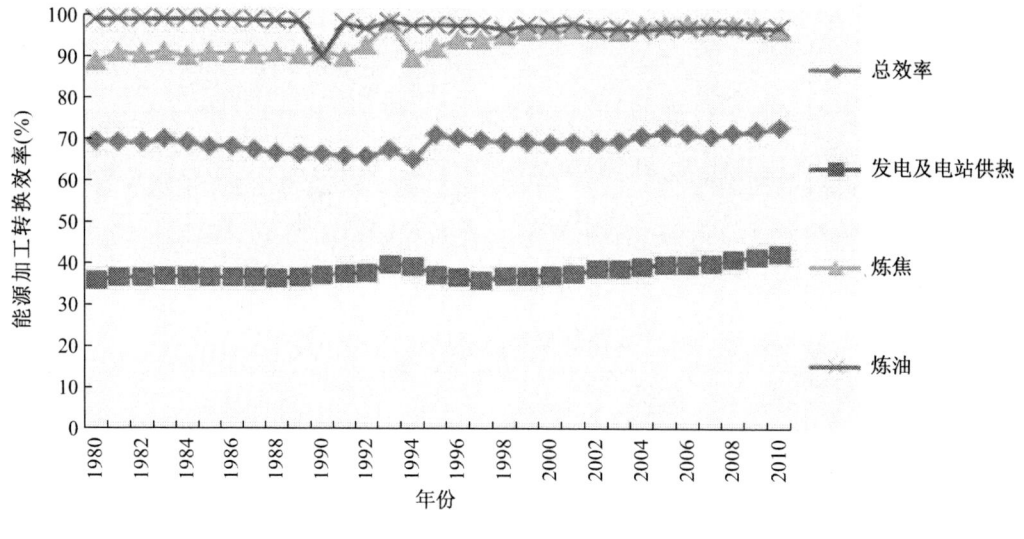

图 4-6 能源加工转换效率

（资料来源：中国能源统计年鉴，2011）

二、终端部门技术参数[①]

1. 工业部门

钢铁。中国钢铁工业目前在节能减排的要求下，已经开始明显提高能源效率水平。考虑到技术的寿命期和更新周期，钢铁工业的技术装备将继续走现代化、大型化和高效化

[①] 国家发展和改革委员会能源研究所课题组．中国2050年低碳发展之路——能源需求暨碳排放情景分析．2009．

发展之路。新建的钢铁工业普遍采用先进的节能技术,使行业能源效率到 2030 年左右成为届时世界领先。到 2030 年,所有目前已经有的重要节能技术基本完全普及。近年来,通过新建、改造,钢铁制造工艺流程的主要技术已经为世界领先。主要技术装备,包括先进焦炉(11 900Mcal/t 焦炭,产气 1 340Mcal)、新一代焦炉(10 300Mcal/t 焦炭,产气 1 420Mcal)、国际先进烧结炉(390Mcal/t 烧结块,节能 42%)、先进高炉(3 750Mcal/t 铁水)、大型转炉(富氧、负压)和先进转炉(富氧、负压、转炉气回收)、大型先进电炉,炉外精炼、轧钢先进技术、铁水热装热送(节能 44%)等主要工艺流程的先进技术基本普及。同时干熄焦、TRT 等节能技术也已经普及,而且通过焦炉气回收、高炉气回收以及转炉气回收,采用厂内联合循环发电技术进行发电和供热。2030 年钢铁工业整体能源效率和技术水平将接近或达到世界领先水平。2030 年之后,电炉钢所占比例大幅度上升,导致总体吨钢能耗明显下降(表 4-12)。

表 4-12 钢铁工业技术参数

技术	技术指标	技术比例(%)			
		2010 年	2020 年	2030 年	2050 年
新型高炉		75	80	100	100
高炉顶压发电		60	100	100	100
高炉气回收			70	90	100
大型先进焦炉	产出率为 82%,产焦炉气 760Mcal	45	55	80	95
焦炉气回收		80	100	100	100
高炉 250kg 喷煤	替代焦炭				100
干熄焦	吨焦回收 190Mcal	10	60	80	100
120t 以上直流/交流电弧炉		50	75	95	100
转炉负能炼钢	吨铁回收转炉煤气 100m³	40	78	95	100
连铸连轧	节能 75%	90	95	98	100
热装热送	节能 47%	55	85	95	100
新型加热炉	节能 30%	50	70	90	100

建筑材料之水泥。未来 30 年,中国水泥行业技术水平将有明显提高。目前新建的大量水泥制造线已经达到世界先进水平。从现在开始,先进的干法窑外分解窑成为新建水泥厂的主要技术,使得 2020 年之后中国水泥厂的主力技术为先进的干法窑外分解窑。此外,未来可应用于新型干法生产线,并将促进水泥行业能源效率水平不断提高的工艺技术有:可燃废弃物在水泥行业的应用技术,2020 年新型干法窑二次燃料取代率达到 15%,

2030年达到25％；中低温余热发电技术，到2030年基本普遍利用，吨熟料发电能力32～48kW·h/t。2020年，70％的新型干法窑外分解生产能力可以实现中低温纯余热发电；2030年全部新型干法生产线实现余热发电。通过各种综合措施，2020年中国新型干法水泥生产综合煤耗达到96kg标准煤/t，比目前降低10％左右，达到届时国际先进水平，与目前世界上最先进的单套生产线的能耗水平相当；2030年新型干法水泥生产综合煤耗达到90kg标准煤/t，在2020年基础上再降6％，处于世界领先水平（表4-13）。

表4-13 水泥制造主要节能技术参数

技术	技术指标	技术比例（％）		
		2020年	2030年	2050年
新型干法水泥	104kg标准煤/t熟料	90	100	100
余热回收	34kW·h/t熟料	80	100	100
废渣参合熟料制水泥	基本不耗能	20	30	40

建筑材料之玻璃。全面提高浮法工艺玻璃生产技术及设备，如熔化技术、成形技术和生产优质低耗浮法玻璃的软件技术及设备等。发展日熔化量500t以上的大型优质浮法玻璃生产线，改造现有技术水平较低的平板玻璃生产线，推广现代化节能窑炉。采用强化窑炉全保温技术，减少燃料消耗。减少废气排放量和火焰空间的热强度，延长窑炉使用寿命。采用先进的熔窑设计技术，优化窑炉结构，合理选用熔窑耐火材料，采用先进的窑炉控制设备和热工控制系统。采用富氧、全氧燃烧技术，减少废气的排放量。采用电辅助加热、玻璃液鼓泡等技术，提高玻璃的熔化率，改善玻璃液熔化质量，降低单位热耗。推广在重油中加入乳化剂或纳米添加剂等添加剂技术。发展玻璃熔窑中低温余热利用及发电。通过以上各项措施，中国浮法玻璃生产平均每重箱油耗到2020年为17kg标准煤/重量箱，比目前约降低15％，与目前发达国家的平均水平相当，到2030年降低到16kg标准煤/重量箱，在2020年水平上再降6％，处于世界先进水平（表4-14）。

表4-14 玻璃制造节能技术运用

技术	技术指标	技术比例（％）		
		2020年	2030年	2050年
先进浮法	15kg标准煤/重量箱	40	70	100
余热回收	2.5t/h 蒸汽	60	90	100
先进的熔窑设计技术	熔化率提高18％	40	70	100

建筑材料之砖瓦。在今后10~15年内,国内企业通过节能技术改造,发展内燃砖、空心砖、混凝土砌块、加气混凝土制品等,使节能利废产品的市场占有率能提高到50%~60%,烧结普通砖减少至40%~45%。充分利用工业废渣,包括建筑垃圾和城市生活垃圾,特别是废渣中残余热量的二次利用。加强优质节能型产品的开发、生产和推广,推行使用节能型装备,实现清洁化生产工艺和循环经济模式。有50%以上的企业使用窑炉余热人工干燥工艺技术,预计行业单位煤耗降低25%~35%,单位电耗降低15%~25%。到2030年新技术完全应用(表4-15)。

表4-15 砖瓦制造工艺节能技术

技术	技术指标	技术比例(%)		
		2020年	2030年	2050年
空心内燃隧道窑	煤35Mcal/千块,电2.8Mcal/千块	70	90	100
新材料砖	节能25%	20	30	50

造纸。造纸的节能技术主要是新型蒸煮技术、余热回收、热电联产以及废纸利用,同时还要考虑污染物减排。化学制浆采用连续蒸煮或低能耗间歇蒸煮,发展高效率制浆技术和低能耗机械制浆技术,高效废纸脱墨技术,多段逆流洗涤、全封闭热筛选、中高浓漂白技术和设备,造纸机采用新型脱水器材、真空系统优化设计和运行、宽压区压榨、全封闭式汽罩、热泵、热回收技术等,制浆、造纸工艺过程及管理系统计算机控制技术。提高木浆比重,扩大废纸回收利用,合理利用非木纤维。废纸利用率2030年提高到85%以上。到2030年时,节能技术在造纸行业基本普及(表4-16)。

表4-16 造纸主要节能技术

技术	技术指标	技术比例(%)		
		2020年	2030年	2050年
连续蒸煮	450kg标准煤/t浆,节能46%	80	100	100
余热回收	2.5t/h蒸汽	60	90	100
废纸利用	360kg标准煤/t纸	44	50	60
热电联产		56	75	90

有色金属。在铜的冶炼方面,推广先进的闪速熔炼工艺,加快淘汰和改造鼓风炉、反射炉、电炉等传统熔炼工艺。2020年、2030年闪速熔炼工艺对应的铜产量比重分别占铜总产量的65%、75%,逐步达到闪速熔炼工艺的国际先进水平。在铝的冶炼方面,发展大

型氧化铝生产工艺;发展大型预焙电解槽。目前中国电解铝工业已淘汰了所有落后的自焙槽工艺,全部采用先进的大型预焙槽工艺。200kA、300kA 级大型预焙槽将成为中国电解铝生产主力槽型,目前 160kA 以上大型预焙槽技术占电解铝生产能力的 80% 以上。按生产能力计算,2020 年大容量预焙电解槽对应的电解铝产量达到 100%,电解槽直流电耗应逐步达到目前的国际水平(13 000~13 500kW·h/t)。

化工。在合成氨生产方面,到 2030 年被选中的具有竞争力的技术以大规模的生产技术为主,从 2010 年起,以天然气为原料的大型合成氨、以煤为原料的大型合成氨、以重油为原料的大型合成氨将分别成为 3 种主要的合成氨生产技术。中小型合成氨在市场竞争中的劣势将越来越明显。预计到 2020 年将达到目前的国际先进水平,综合能耗达到 1 100kg 标准煤/t,平均能耗降低 30% 左右;2030 年追上发达国家的发展步伐,达到届时的国际先进水平,综合能耗达到 1 000kg 标准煤/t,比 2020 年再降 10%。在烧碱和纯碱的生产方面,2005 年中国离子膜烧碱产量比重仅为 36.7%,而日本、美国均已基本实现全部离子膜化。中国目前已具备了大型离子膜烧碱全套设备的设计和制造能力,现有生产线技术和装备水平也基本达到国际先进水平。烧碱行业主要发展大型离子膜工艺为主的生产工艺。到 2020 年离子膜法烧碱的产量将提高到 55%,2030 年将进一步提高到 75%。同时离子膜法生产线的平均规模也将有进一步提高,到 2020 年可达到 20 万 t/a,到 2030 年可达到 30 万 t/a。化工行业主要产品技术参数见表 4-17。此外,通过提高工艺设计和设备制造能力,发展大型自然循环高电流密度电解槽、开发离子膜氧阴极电解技术,可逐步降低离子膜工艺的能耗。预计到 2020 年离子膜烧碱综合单耗可达到 1 010kg 标准煤/t,比目前降低 10% 左右,2030 年达到 980kg 标准煤/t。氨碱和联碱生产综合能耗在 2020 年可分别达到 410kg 标准煤/t、270kg 标准煤/t;到 2030 年可分别达到 380kg 标准煤/t、250kg 标准煤/t。在乙烯的生产方面,乙烯原料逐步稳定并轻质化,且要

表 4-17 化工行业主要产品技术参数

技术	技术指标	技术比例(%)		
		2020 年	2030 年	2050 年
乙烯原料和高效换热塔	6517Mcal/t,节能 38%	66	95	100
大型合成氨	8500Mcal/t,最先进 6926Mcal/t	70	96	100
纯碱先进氨碱法	360kg 标准煤/t	50	54	54
纯碱先进联碱法	230kg 标准煤/t	36	46	46
烧碱先进离子膜技术	950kg 标准煤/t	55	75	100
电石先进密闭炉	1300kg 标准煤/t	90	100	100

优先保证石油化工原料用油。石脑油在乙烯原料路线中的比例2030年应达到70%以上。目前,中国大型乙烯装置的产量比重为66.7%,未来通过新建大型装置、不断淘汰中小型装置,预计到2020年大型装置比重将达到75%,2030年将达到80%。通过以上各种措施,预计中国乙烯生产综合能耗在2020年将达到520kgoe/t,技术装备水平可达到届时的国际先进水平,到2030年可达到490kgoe/t,技术装备水平将占据世界领先地位。

其他工业部门。根据其用能技术主要考虑通用技术,即电机、照明、锅炉、窑炉等。其他部门中的用能主要用于这些设备。根据相关资料,设置这些技术参数如表4-18所示。

表4-18 其他工业部门技术参数

技术	技术指标	技术比例(%)		
		2020年	2030年	2050年
高效变频节能电机	30%~45%节电	50	80	94
燃煤高效锅炉	85%~90%效率	60	85	90
高效工业照明	节电45%	70	95	98
管理节能	15%节能			

2. 城乡居民

城市居民。随着收入的增长,居民对居住室内舒适度的要求将不断提高。对于北方居民来说,延长采暖时间、保持冬季室内的舒适温度、增加夏季空调使用时间等将成为基本需求;对于气候过渡地区及南方居民来说,增加冬季采暖、延长夏季空调使用时间等将成为一般需求。同时居民生活中更多采用节能电器。城市居民技术参数见表4-19和表4-20。

表4-19 住宅建筑的采暖空调情况

参数	单位	2010年	2020年	2030年
单位城镇住宅面积采暖能耗	kg标准煤/m²	20.8	18.9	16.8
城镇户用空调年运行小时数	h	129	186	237
采暖天数	d	118	122	129

表 4-20 城市居民技术参数

参数	单位	2020年	2030年	2050年
居民户数	百万户	288	336	380
采暖比例	%	42	44	48
采暖强度指数,2000年＝1		1.35	1.5	1.6
采暖时间指数,2000年＝1		1.33	1.36	1.4
50%采暖节能建筑比例	%	20	45	65
百户空调拥有量	台	130	180	260
空调强度指数,2000年＝1		1.3	1.4	1.6
空调利用时间指数,2000年＝1		1.6	1.8	2.2
冰箱拥有率	每百户	100	120	130
冰箱平均容量	L	250	310	390
冰箱效率	kW·h/d	0.8	0.8	0.7
洗衣机拥有率	%	100	100	100
每周洗衣机利用次数	次数	5.4	8	8
电视机拥有率	%	180	220	290
电视机平均功率	W	320	300	280
每台电视机每天观看时间	h	3.5	3.2	2.9
照明节能灯普及率	%	100	100	100
每户照明灯数(40W荧光灯标准照度)	个	14	21	27
热水器拥有率	%	100	100	100
太阳能热水器拥有率	%	18	25	33
百户电炊具拥有率	台	130	140	260
电炊具每天利用时间	min	12	30	50
其他家电容量	W	1 500	1 800	2 300
其他家电每天利用时间	min	50	80	100

农村居民。考虑到农村居民收入上升,以及农村居民居住模式以独体建筑为主,达到同样用能服务水平需要比城市居民的用能需求多。2030年以后,农村居民收入水平达到小康,家用电器基本完全普及,用能服务强度与城市相比相差不大。农村居民技术参数见表4-21。

表4-21 农村居民技术参数

参数	单位	2020年	2030年	2050年
居民户数	百万户	152	131	101
采暖比例	%	42	44	45
采暖强度指数,2000年=1		2.1	2.6	2.8
采暖时间指数,2000年=1		1.5	1.7	1.8
50%采暖节能建筑比例	%	15	35	65
百户空调拥有量	台	45	70	190
空调强度指数,2000年=1		2	2.6	2.9
空调利用时间指数,2000年=1		1.7	2	2.1
冰箱拥有率	每百户	70	95	99
冰箱平均容量	L	220	290	380
冰箱效率	kW·h/d	0.67	0.65	0.7
洗衣机拥有率	%	78	94	100
每周洗衣机利用次数	次数	4	6	12
电视机拥有率	%	130	180	230
电视机平均功率	W	270	270	260
每台电视机每天观看时间	h	3.5	3.2	2.6
照明节能灯普及率	%	70	100	100
每户照明灯数(40W荧光灯标准照度)	个	10	18	22
热水器拥有率	%	70	100	100
太阳能热水器拥有率	%	48	80	90
百户电炊具拥有率	%	55	70	100
电炊具每天利用时间	min	8	28	56
其他家电容量	W	1 000	1 300	1 900
其他家电每天利用时间	min	30	60	90

3. 服务业

建筑物能源需求预测的主要驱动因子是建筑面积和所提供的能源服务。建筑物根据用途一般分为商业、教育、政府、医院、金融等。这里根据不同类型的建筑进行分析。表4-22显示了北京典型的大型公共建筑用能的指标，由此可见大型公共建筑的单位面积耗能量也远远高于一般建筑面积。表4-23罗列了服务业面积增长预计及采暖、电器设备的模型设定状况。表4-24显示了服务业建筑面积的构成状况。

表4-22 北京典型大型建筑用能参数

建筑代码	建筑面积（万 m²）	冷机（kW）	冷冻泵（kW）	冷却泵（kW）	冷却塔风机（kW）	新风机（kW）	空调箱（kW）	风机盘管（kW）	年单位面积电耗[kW·h/(m²·a)]
A	5.5	875	222	105	79.2	55.6	623.7	9.146	138
B	5.6	1 008	165	165	16.5	95.5	204.2	20	113
C	7.1	1 588	375	300	90	35.2	203.5	52	101
D	8.3	1 792	397	397	33	56.1	123.1	58.53	139
E	8.4	1 895	238	238	36	93	88	81	109
F	11.6	1 920	180	300	44	201	740	1.812	110

资料来源：江亿，2007。

表4-23 服务业技术参数

参数	单位	2020年	2030年	2050年
服务业建筑面积（亿 m³）		270	370	400
采暖比例	%	34	38	42
采暖强度指数，2000年＝1		1.4	1.6	1.8
采暖时间指数，2000年＝1		1.2	1.3	1.4
65%采暖节能建筑比例	%	30	65	75
复印机拥有率	%	12	14	18
计算机拥有率	%	55	65	90
计算机使用时间强度指数，2000年＝1		1.3	1.6	1.8
电梯拥有率	%	16	18	25

表 4-24　服务业建筑面积及其构成

年份	建筑面积（亿 m²）	大型公共建筑面积（亿 m²）	大型公共建筑平均电器容量（W/m²）	电器节能率（%）	其他公共建筑面积（亿 m²）	其他公共建筑平均电器容量（W/m²）	电器节能率（%）	采暖节能率（%）
2010	69	9.8	45.4	3	59.2	12.1	3	5
2020	146	22	58.7	9	124	13.3	8	30
2030	245	39	72.1	19	206	14.9	17	65
2040	310	52	84.5	28	258	16.5	26	80
2050	340	63	95.1	41	277	18	40	95

4. 交通运输

未来中国交通发展的主要因素是经济发展和居民收入水平的提高。经济增长是货运周转量增长的驱动因子，而居民收入水平提高则是旅客周转量增长的主要驱动因子。

货物周转量预测。货物周转量和经济增长之间有良好的相关关系，即使在已经高度发达的国家和地区，如美国、日本、欧盟，其货物周转量与GDP之间的弹性仍然在1左右。考虑到目前中国主要高耗能产品和能源的产量为50多亿t，约占同期货运量的1/4。如果扣除货物运输中的高耗能和能源产品产量，中国其他产品的货物运输增长速度将大大降低。这也说明高耗能产品和能源产品的增长是货物运输的主要驱动因子。考虑到2020年中国基本完成工业化以后，高耗能和能源产品的需求增速将大为放缓。这也是未来三四十年内货物运输周转量变化的重要因素之一。

客运周转量预测。客运周转量预测主要考虑随着收入增长导致出行需求的增长和出行方式变化的情况。中国未来机动车拥有量预测在国际和国内已经有许多研究。大多数研究者采用了趋势分析法，即根据过去中国的机动车发展趋势采取一些简单的模型推出未来中国的机动车拥有量。当人均GDP超过5 000美元（按1997年PPP计算），每千人汽车保有量开始进入快速增长期，达到1.5万美元时，千人汽车拥有量为40以上。从北京、上海等地的人均GDP和千人汽车拥有率之间的关系来看，也基本遵循这一规律。回顾目前对中国未来机动车拥有量的预测结果，大多数研究者认为，到2020年中国的机动车拥有量在0.9亿~1.8亿辆之间，2030年在1.2亿~2.5亿辆之间。

为了能够更好地分析未来交通格局，我们又按照人口将城市划分为不同的组别，不同类型城市有不同的城市交通模式。城市分类的一个主要目的是分析公共交通特别是轨道交通的发展，以及不同城市控制道路机动车交通的可能对策。

根据城市发展的相关研究和规划，未来城市将走向大型化，2050年人口200万以上的大型城市将超过150个，承担人口超过5.4亿（表4-25、表4-26）。200万以上人口均适合建设轨道交通。500万以上人口城市应以轨道交通为主,承担城市出行的相当比重。100万以上人口城市以公共交通为主。小城市则以个体交通为主。城市轨道交通见表4-27。

表4-25 城市分布 （单位：个）

年份 城市类别	2010	2020	2030	2040	2050
超大型城市(1 500万以上)	4	7	10	11	11
特大型城市(500万以上)	12	18	22	28	30
大型城市(200万以上)	80	90	100	110	115
中等城市(100万以上)	100	110	120	130	140

表4-26 各类城市人口 （单位：百万人）

年份 城市类别	2010	2020	2030	2040	2050
超大型城市	60	105	150	165	165
特大型城市	60	90	110	140	150
大型城市	160	180	200	220	230
中等城市	100	110	120	130	140
小型城市	259	321	346	330	323
总城市人口	639	806	926	985	1 008

表4-27 各类城市轨道交通长度 （单位：km）

年份 城市类别	2010	2020	2030	2040	2050
超大型城市	800	3 500	8 000	12 100	12 100
特大型城市	1 200	3 600	8 800	14 000	15 000
大型城市	4 000	9 000	15 000	22 000	23 000
中等城市		1 000	6 000	6 500	7 000
合计	6 000	17 100	37 800	54 600	57 100

机动车拥有量、百户家庭轿车拥有率、年运行千米数以及公共交通比重等因素设定见表4-28～表4-30。

表 4-28 机动车拥有量 （单位：万辆）

年份 城市类别	2010	2020	2030	2040	2050
汽车总量	7 802	18 583	36 318	51 717	55 810
乘用车	6 124	15 504	32 323	46 083	48 922
货车	1 598	3 079	3 995	5 634	6 888
小汽车	6 715	14 982	31 558	45 075	47 662
家庭小汽车	5 939	14 032	30 454	43 675	46 062
其他小汽车	776	950	1 104	1 400	1 600
小巴	265	313	383	524	214
大型客车	113.4	208.8	382.5	483.84	1 045.8
小型客车	378	522	765	1 008	1 260
摩托车	9 848	10 613	11 193	11 193	10 634

表 4-29 家庭轿车拥有率 （单位：辆/1 000 户）

年份 区域	2010	2020	2030	2040	2050
城市	130	400	650	780	770
农村	2	80	380	700	850

表 4-30 家庭轿车每年运行距离 （单位：km）

年份 区域	2010	2020	2030	2040	2050
城市	8 500	7 800	7 000	5 000	5 000
农村	6 000	5 300	5 000	4 800	4 600

根据上面的分析和设定，得到了不同交通运输方式的客货运周转量，其中到 2050 年中国的客运周转量将达到 20.6 万亿人/km，平均出行 1.5 万 km，而包括城市客运（含小汽车出行）的公路客运周转量就达到 17.4 万亿人/km，占总出行的 61.5%。该水平比目前美国人均 2.65 万 km 的公路客运低 40%，如果加上其他客运方式，2050 年中国的人均

出行距离比美国低40%以上(表4-31)。

表4-31 交通周转量

年份 交通方式	2010	2020	2030	2040	2050
客运周转量(10亿人·km)	2 789	5 286.9	7 178.2	9 349.5	9 335.8
货运周转量(10亿t·km)	14 184	26 887.8	36 506.2	47 548.5	47 478.9
公路客运周转量(10亿人·km)	1 502	2 826.5	3 797.6	5 039.2	4 782.3
铁路客运周转量(10亿人·km)	876	1 001.3	1 304.8	2 069.0	1 608.9
航空客运周转量(10亿人·km)	403.9	782.4	1 094.5	1 350.7	1 550.1
水运客运周转量(10亿人·km)	7	13.6	19	23.4	26.9
公路货运周转量(10亿t·km)	4 339	8 165.1	10 970.7	14 557.3	13 815.2
铁路货运周转量(10亿t·km)	2 764	3 159.2	4 117	6 528.3	5 076.4
航空货运周转量(10亿t·km)	18	34.9	48.8	60.2	69.1
水运货运周转量(10亿t·km)	6 843	13 256.2	18 544	22 883.6	26 261.5
管道(10亿t·km)	220	417.0	566.2	737.5	736.4

三、加工转换技术

作为能源部门的重要组成部分,未来电力的发展是能源发展的核心。在分析电力系统发展时,更多依据专家的广泛讨论、技术的进展和成本的变化。

1. 煤电

超临界和超超临界发电技术。目前一些发达国家中,超临界和超超临界机组已是火电结构中的主导机组,或是占据了举足轻重的地位。在日本,450MW以上的机组全部采用超临界参数。在中国,近几年超临界机组和超超临界机组发展迅速。2006—2009年,我国关停7 467台总容量54 670MW小火电机组,每年可节约原煤6 240万t,减少CO_2排放1.24亿t,减少SO_2排放100万t。这是由于一方面关停低效小火电机组,如2010年淘汰电力落后产能1 690万kW,另一方面每年新增600MW及以上超临界和超超临界高效火电机组,平均年新增7 000万kW,使火电容量结构得到了优化。300MW及以上机组比重从2005年的43.4%上升至2009年的67.1%。2009年底,600MW及以上机组比重达34%,单机100MW及以下小火电机组比重降至14%,比"十一五"初期降低了14%。根据中国国家发展和改革委员会的政策,今后新建煤电机组基本要求为超临界机组和超超临界机组。这表明,超临界机组和超超临界机组在中国已经进入完全商业化阶段。同时,中国超临界和超超临界机组国产化也取得了较快的进展。目前,超临界机组国产化率接近100%,超超临界机组国产化率接近90%。这使得中国的超临界和超超临界机组的成本大大低于国际同类机组。根据实际运行经验,一般超临界机组(24MPa/538℃)的发电净效率约为40%~41%,超超临界机组(30MPa/566℃)约为44%~45%。中国绥中发电厂从俄罗斯成套引进的两台800MW超临界机组概算总投资为103亿元,单位投资为6 437.5元/kW。中国首次采用国产60万kW超临界火电机组的华能沁北电厂一期工程为两台60万kW机组,总投资约50亿元,单位投资为4 167元/kW。根据中国已有的超临界和超超临界机组的投资,目前的成本在4 000元/kW以上,已经是一个较低的投资水平。从长期来讲,成本下降空间已经不大。

IGCC[①]/多联产技术。20世纪60年代,国外开始研究开发IGCC发电技术。自20世纪80年代建成第一座IGCC示范电站以来,国际上已经有多个项目陆续建成投产,尤其是进入20世纪90年代以后,美国、欧盟相继建成数座200~300MW的大型IGCC示范电站,并投入商业运行。最近建设和投产的IGCC电站一般规模都比较大,主要有:采用Shell煤气化技术的意大利Sulcis IGCC电站,电厂净出力450MW;采用Texaco煤气化技术的美国Meigs IGCC电站,电厂净出力630MW;采用E-gas煤气化技术的美国Mesaba IGCC电站,电厂净出力530MW;美国Steelhead IGCC电站,电厂净出力530MW。IGCC电厂的单位投资正在不断下降,目前国际上单位投资已经降至1 000美元/kW,发电净效率已经超过43%,IGCC技术正朝着高效化、大型化和商业化的方向发展。近年来,中国IGCC电站的发展已经进入快速扩展阶段。中国华能GreenGen第一阶段示范工程250MW级IGCC,2009年投产,采用先进的干粉气化技术,CO_2分离、制氢和燃料电池分离系统;中国华能GreenGen第二阶段示范工程300~400MW级IGCC预计2015年投运,采用先进的干粉气化技术,100MW级CO_2分离、制氢、氢能发电示范系统;中国大唐集团、中国电力投资集团公司等正在建设3~5台300~400MW等级的IGCC电站。

国际上已经陆续建成了十几座IGCC电站,随着技术的进步,成本已经逐步下降(表4-32)。中国目前超临界机组和超超临界机组的快速发展,从技术上给IGCC的发展提供了良好的基础。根据中国目前已经进行的一些IGCC项目的成本可行性分析,可以得到在中国建设IGCC电站的成本。这些电站的建设成本在7 000~8 000元/kW。表4-33中给出了中国不同发电技术造价比较。从IGCC电站的主要构成设备来看,有些已经很成熟,有些则还需要进一步发展。考虑技术国产化、国内技术成熟度、材料供应情况,在表4-34中给出了成本下降趋势。因此预计IGCC电站的投资在技术成熟后可以下降到6 800元/kW。

---

① 整体煤气化联合循环发电。

表 4-32 IGCC 技术性能和成本

时间	IGCC 系统类型	燃气轮机初温(℃)	IGCC 热效率(LHV)(%)	装置比投资成本(美元/kW)
20 世纪 90 年代初期	常规粉煤机组		36～37	1 200
	常规 IGCC 低温净化,独立空分	1260(F 型)	38～42	1 400～1 600
20 世纪 90 年代中期	低温净化,整体空分	1260(F 型)	43～46	1 350～1 550
	高温净化,整体空分	1260(F 型)	45～48	1 180～1 380
20 世纪 90 年代后期	高温净化,整体空分	1370(G、H 型)	46～50	1 130
2006 年	高温净化,整体空分			950

表 4-33 IGCC 电站投资构成　　　　　　　　　　　　(单位:%)

空分	气化	净化	联合循环岛	BOP
11.7	29.4	5.8	37.6	15.5

表 4-34 IGCC 电站主要部分成本下降潜力　　　　　　(单位:%)

空分	气化	净化	联合循环岛	BOP
15	20	8	10	5

2. 天然气发电

由于市场的作用,以天然气为基础的燃气轮机技术在过去的 20 多年里有了快速的发展,20 世纪 80 年代以后,燃气轮机的单机功率和热效率都有了很大的提高。最具代表性的产品是 ABB(瑞典和瑞士各占有 50%股份)于 1994 年率先推出的发电效率为 58.5%的、以 GT24/26 燃气轮为本体的联合循环系统。随后 GE、SIMENS 等也相继推出了效率接近 60%的联合循环系统。

进入 21 世纪以来,中国在以市场换技术、实现燃气轮机设备制造本土化和国产燃气轮机技术开发方面取得了良好的成果。两次打捆招标涵盖了 18 个电站、41 台燃气轮机发电机组。特别是近几年来,配合"西气东输"工程,在江浙两省负荷中心的 3 个电厂建设 7 套 STAG 109FA 燃气－蒸汽联合循环发电机组。STAG 109FA 单轴联合循环机组,在燃烧天然气时,ISO 条件下输出功率为 395.5MW,热效率为 56.68%。中国有几台 9F 级机组已于 2006 年并网发电,包括杭州华电半山发电有限公司、江苏华电望亭有限公司、江苏华电戚墅堰发电有限公司等。

燃气轮机及其联合循环机组的投资费用远低于燃煤的蒸汽轮机电站,例如:大功率燃气轮机电站和联合循环电站交钥匙工程的投资费用分别为 200～300 美元/kW 和 500～600 美元/kW,而 600MW 的燃煤超临界参数机组的单位造价为 800 美元/kW。因而天然气的联合循环电站的发电成本在国外是最低的,例如:在荷兰为 3 美分/kW·h,而燃煤蒸汽轮机电站的平均发电成本为 4.5 美分/kW·h。中国近期建设的联合循环电厂的投资在 3 100 元/kW 左右,如果考虑技术国产化,成本还可以下降 10% 左右。

3. 核能发电

世界上目前大约有 435 座发电用反应堆,向世界提供着约 16% 的电力。近二三十年内,国际上将主要建设第三代核电站。中国可以按国际上第三代核电技术的要求,以自主开发为主,引进先进技术,加强国际合作,在国际第三代核电技术发展中争得一定的地位。在 2020 年左右,中国应批量建设符合国际上第三代核电技术要求的核电站,使其成为中国在快堆电站规模发展之前核电市场的主要机型。

中国"863 计划"正在研发两种先进反应堆:一种是由清华大学核能技术设计研究院承担的 10MW 高温气冷实验堆,具有安全性好、发电效率高、用途广的优点;另一种是由中国原子能科学研究院承担的中国实验快堆。快中子反应堆的主要优点是可以大大提高铀资源的利用率,从目前轻水堆的 1% 左右提高到 60%～70%。2007 年,中国已经开始建造 20 万 kW 级的高温气冷实验堆。一期项目于 2009 年开工,位于山东荣成石岛湾。

第四代核能发电系统的投资风险必须最小。希望核电站的投资费用只能为 1 000 美元/kW,建造时间在 3～4 年。在四代核电站中,达成共识的 6 种新型核电堆型中至少 3 种是快堆,显示由热堆电站向快堆电站过渡的态势。中国已开始快堆技术的开发研究,在国家"863 计划"的支持下,中国的实验快堆正在加紧建设,应加快大型快堆电站的开发,争取跨越式发展,力争 2020 年建成中等规模的原型快堆电站,并具备相应的闭合燃料循环能力,争取在 2025 年开工建设大型快堆示范电站,并在 2030 年左右建设具有国际上第四代核电技术特点的商用核电站。

表 4-35 为中国已建、在建核电站的造价情况,可以看出中国核电造价水平由最早的大亚湾核电站 2 068 美元/kW 降低到秦山二期的 1 385 美元/kW(秦山三期为重水堆,不在比较之列)。

4. 可再生能源发电

太阳能光伏发电。20 世纪 90 年代后期开始,世界光伏组件发展迅猛。最近几年来平均年增长率超过 30%。就市场而言,2009 年全球太阳能电池安装量为 6.6GWp,比上年增长 20%。截至 2009 年年底,全球太阳能电池累计安装量已达到 24.5GWp。在产业方面,各国一直通过扩大规模、提高自动化程度、改进技术水平、开拓市场等措施降低成本,并取得了巨大的进展。商品化电池效率从 10%～13% 提高到 13%～15%。在研究开发方面,单晶硅电池效率已达 24.7%,多晶硅电池效率也突破了 19.8%。碲化镉电池效率达到15.8%,铜铟硒电池效率约为18.8%。晶硅薄膜电池的研究工作自1987年以来发展迅速,成为了世界关注的新热点。

表4-35 中国已建和在建核电站的造价情况

名称	规模(MW)	堆型	总造价(亿美元)			单位造价(美元/kW)		备注
			基础价(静态投资)	固定价(静态+价差)	建成价(动态投资)	固定价(静态+价差)	建成价(动态投资)	实际价格
大亚湾	2×900	压水堆			40.7		2 261	2 068
岭澳	2×900	压水堆			34.9		1 938	1 763
田湾	2×1 000	压水堆	25.3	28.3	32.3	1 416	1 616	1 510
秦山一期	1×300	压水堆	1.57		2.05		683	
秦山二期	2×600	压水堆	13.1	14.7	20.1	1 223.2	1 676.2	1 385
秦山三期	2×700	重水堆	18.63	20.88	28.8	1 491.1	2 057.1	1 923

中国光伏组件的生产逐年增加,成本不断降低,市场也不断扩大,装机容量逐年增加。2002—2003年实施的"送电到乡"工程安装了光伏电池约1.9万kW,对光伏发电的应用和光伏电池制造起到了较大的推动作用。除利用光伏发电为偏远地区和特殊领域(通信、导航和交通)供电外,已开始建设屋顶并网光伏发电示范项目。到2010年年底,我国太阳能光伏累计安装量为800MW。光伏电池及组装厂已有十多家,年制造能力达10万kW以上。但总体来看,中国光伏发电产业的整体水平与发达国家尚有较大差距,特别是光伏电池生产所需的硅材料主要依靠进口,对中国光伏发电的产业发展形成重大制约。

目前光伏电池组件价格已下降至4.3元/W左右,太阳能光伏发电的系统集成成本降低至7~7.5元/W。最近完成的8MW并网光伏系统的前期研究表明,鉴于太阳光转化成电能的转化率不到15%,光伏发电上网电价4~5元/kW·h。目前国际上光伏组件的生产成本已降到5美元/W以下。从发展趋势来看,世界上近期的大规模市场发展和快速的技术进步正在使光伏系统设备和发电成本有效降低。表4-36给出了目前平板固定式光伏发电并网系统每千瓦的初始投资构成。随着市场的扩大和制造规模的增加,光伏发电成本趋于下降(表4-37)。

太阳能热发电。太阳能热发电已经历了较长时间的试验运行,基本上可以达到商业运行要求。目前总装机容量约为40万kW。以色列鲁兹(Luz)公司1985年起先后在美国加利福尼亚州的沙漠中建成了9个槽式发电装置,总容量354MW。随着技术的不断发展,系统效率由最初的11.5%提高到13.6%,发电成本由26美分/kW·h,降低到了12美分/kW·h。预计在2020年前,太阳能热发电将在发达国家实现商业化,并逐步向发展中国家扩展。2007年我国首座70kW太阳能热发电系统,在南京通过鉴定验收。2010年在北京延庆建成亚洲首座 1MW 塔式太阳能电站。

表 4-36　平板固定式光伏发电并网系统每千瓦的初始投资构成

项目	投资(万元)	比例(%)
前期费用和可行性研究	0.25	5
太阳能电池(含支架)	3.50	70
并网逆变器	0.40	8
变压器、配电测量及电缆等	0.30	6
设备运输	0.20	4
安装调试	0.20	4
税金及其他	0.15	3
合计	5.00	100

表 4-37　光伏发电价格、组件效率、系统寿命和成本变化

年份	光伏电的价格 (美分/kW·h)	组件效率 (%)	光伏系统寿命 (a)	光伏系统成本 (美元/Wp)
1991	40~75	5~14	5~10	10~20
1995	25~50	7~17	10~20	7~15
2000	12~20	10~20	>20	3~7
2010—2030	<6	15~20	>30	1~1.5

2006 年澳大利亚政府宣布投资 4.2 亿澳元(约 3.18 亿美元)建设太阳能发电厂，它将成为世界上最大的太阳能发电厂。这一发电厂装机容量为 154MW，计划 2013 年全面建成发电。

在美国加利福尼亚州的太阳能发电站建造过程中，由于技术进步及容量的增大，电站的装机造价和发电成本显著下降：1984 年Ⅰ号电站(14MW)造价为 5 979 美元/kW，发电成本 26.5 美分/kW·h；到 1990 年的Ⅷ号电站(80MW)，造价降至 3 011 美元/kW，发电成本降到 8.9 美分/kW·h。因此，抛物面槽式在太阳能丰富的地区，经济上已能与燃油的火力电站竞争。中国西南电力设计院曾对西藏地区以引进 Luz 公司太阳能热电站进行估算，太阳能热电站和火力发电站的发电成本均为 1.1 元/kW·h，如果不考虑设备折旧，仅计入运行和维护费用，则太阳能电站的发电成本为 0.1 元/kW·h，而火力发电站的

成本为 0.8 元/kW·h。

目前,美国、西班牙、以色列等西方国家都在加大太阳能发电研发,发电成本降至 1 元/kW·h,太阳能热发电技术已处于商业化应用前期,并有望在不久的将来把"太阳能电"发电成本降至 8 美分/kW·h。

风电。中国的并网风电从 20 世纪 80 年代开始发展。尤其是在近十年间,风电发展非常迅速,总装机容量从 2000 年的 35 万 kW 增长到 2005 年的 124 万 kW、2010 年的 4 473 万 kW。2010 年,我国风电并网量达 494 亿 kW·h,占全国发电量的 1.17%。

风力发电的技术进展很快,单机容量已经从 600kW 发展到目前的 5 000kW,其中 2 500kW 机组已经很成熟,广泛应用于陆上风力发电。在美国和欧洲风场条件好的地方,发电成本已经下降到 3 美分/kW·h。

中国陆上风力发电近两年进展很快,风力发电机组制造技术也进展很快。通过技术合作,独立开发,目前中国已经在生产 2 000kW 机组,1 500kW 变桨变速机组已经可以利用自主技术制造。本地化生产降低了机组的成本,基本要比进口机组价格低 10%~20%。由于国产机组的大量生产,目前机组成本已经下降到 6 000 元/kW。实现风力发电机组国产化 70%,预计可降低风力发电机组成本 15%,在不改变其他条件的前提下,可使风力发电成本降至 0.375 元/kW·h。如全部实现风力发电机组国产化,预计可降低风力发电机组成本 30%,在不改变其他条件的前提下,可使风力发电成本降至 0.332 元/kW·h。

海上风电场的发电成本与经济规模有关,包括海上风电机的单机容量和每个风电场机组的台数。铺设 150MW 海上风电场用的海底电缆与 100MW 的差不多,机组的大规模生产和采用钢结构基础可降低成本。目前海上风电场的最佳规模为 120~150MW。在海上风电场的总投资中,风电机组占 51%,基础占 16%,电气接入系统占 19%,其他占 14%。

丹麦电力公司对海上风电场发电成本的研究表明,用 IEA 标准方法,目前的技术水平和 20 年设计寿命,估测的发电成本是每千瓦时 0.36 丹麦克朗(0.05 美元或人民币 0.42 元)。如果寿命按 25 年计,还可减少 9%。

第三节 模型约束条件

在模型约束条件方面,主要考虑资源约束。由于煤炭、石油、天然气等化石能源,以及核能资源可以通过进口解决,此处要考虑的是可再生能源资源禀赋。

水力发电资源。中国水能资源总量丰富,居世界第一。据 1980 年全国水力资源普查成果,水能资源蕴藏量(未包括台湾)为 6.76 亿 kW,约占世界总量的 1/6。2004 年全国结束了水力资源复查,复查结果显示,中国内地水力资源理论蕴藏量在 1 万 kW 级以上的河流共 3 886 条,水力资源理论蕴藏量年电量为 60 829 亿 kW·h,平均功率为 69 440 万

kW;技术可开发装机容量 54 164 万 kW,年发电量 24 740 亿 kW·h;经济可开发装机容量 40 180 万 kW,年发电量 17 534 亿 kW·h。此次复查的结果显示,中国水力资源理论蕴藏量、技术可开发量、经济可开发量及已建和在建开发量均居世界首位。中国水能资源有以下特点。第一,地区分布极不均衡。资源与地区经济发展现状不匹配,水力资源主要分布在西部,而市场需求主要在东部。水力资源富集于大江大河,主要集中在十二大水电基地。这有利于实现流域、梯级、滚动开发,有利于发挥水力资源的规模效益。第二,河川径流丰富,但季节性变化较大。中国大多数河流年内、年际径流分布不均,丰、枯季节流量相差悬殊,调节困难,水电的总体电能质量较差,造成水电比重较大的电力系统在汛期水电电能多、弃水电量较大,而枯水期水电电能少,需要其他电源补充,影响了系统运行的经济性。另外,中国的水力资源开发大都受综合利用限制(例如灌溉),这些限制也影响了发电质量。第三,水力资源集中于大江大河,其装机容量约占全国技术可开发量的 51%,占经济可开发量的 60%,有利于集中开发和规划外送。第四,小型水电站遍布全国,装机容量 25MW 以下的小水电理论蕴藏量 180GW,技术可开发资源量 75GW,占水电技术可开发总资源量的 14%,待开发能力很可观。

风能资源。迄今为止,我国风能资源只做了粗略的估计,陆上 10m 高处的理论资源量为 3 226GW,其中技术可开发资源量按 10% 推测,并考虑风轮扫掠面积,为 253GW;经济可开发资源量尚未评估。近海(水深小于 15m)风能估计为陆上的 3 倍,即 750GW。陆上和近海 10m 高处技术可开发资源量总计为 1 000GW。现代大型风力机高度已超过 50m,50m 高处的风能密度为 10m 高处的 2 倍。据此,全国技术可开发资源约 2 000GW。据国外风能资源评估研究,风能资源开发受许多因素的限制,技术可开发资源量仅占理论资源量的很小一部分,如美国仅占 2%,经济可开发资源量占技术可开发资源量的比例更小,美国为 1‰(DOE/EIA,1990)。另据 WEC 风能资源评估(1994),中国土地无限制的风能资源量为 17×10^3 TW·h/a,有可开发风能资源的土地面积利用 4% 的风能资源量为 0.7×10^3 TW·h。所以,看来上述中国技术可开发风能资源量的估计偏高。

太阳能资源。地球拦截的太阳辐射能相当于目前全球电力消费量的 1 500 倍。太阳能利用的潜力取决于利用方式、能源基础设施、人口密度、地理条件等因素。在现有技术、经济条件下可供开发利用的太阳能,只占理论资源量的很小一部分。据美国能源部评估,1990 年美国太阳能经济可开发资源量约为 22Mt 标准煤/a,仅为技术可开发资源量的 0.06%。我国太阳能资源丰富,陆地每年接受的太阳能辐射,相当于 2.4 万亿 t 标准煤,2/3 国土面积的太阳能总辐射量超过 $0.6MJ/m^2$。西藏、青海、新疆、甘肃、宁夏、内蒙古是太阳能丰富带。

生物质能资源。我国已利用的生物质能资源,主要有 4 类:农作物秸秆和农业加工残余物;森林、树木合理采伐和林业加工残余物;人畜粪便和工业有机废水;城市垃圾和生活污水。1996 年,全国生物质能可开发资源量约 7 亿 t 标准煤,其中用作燃料的秸秆 1.2 亿 t 标准煤,合理采伐的薪柴资源 0.9 亿 t 标准煤,人畜粪便 0.9 亿 t 标准煤。生物质能的可获得性主要取决于产生及可收集性、利用技术、不同用途之间的竞争以及居民生活水平等社会因素。在今后,我国生物质能可开发资源量还有增加的潜力。

地热能资源。地热资源的开发利用价值,不仅与其赋存条件有关,而且直接取决于地热资源的流量和温度。按我国地热勘查标准 GB 11615—89 规定,地热资源被分为高温、中温和低温 3 级;按地热田规模又分为大型、中型和小型 3 类。地热资源的开发利用潜力主要取决于地热田规模的大小。据初步估计,全国已探明的地热资源量为 32 亿 t 标准煤,仅相当于推测储量的 27% 和远景储量的 0.7%。在已探明的资源量中,近期每年可开发利用的地热水资源总量约 67.2 亿 m^3,所含热量为 3 283 万 t 标准煤。全国已发现地热点 3 200 多处,其中高温热水资源仅 175 个,主要集中在西藏(112 个)、滇西(34 个)、台湾(21 个)和川西(8 个),其资源总量估计仅相当于近期可开发资源的 1/4。全国高温地热水资源量为 6 744MW。

第五章 中国 MARKAL 模型及情景分析

第一节 什么是 MARKAL?

一、MARKAL 简介

MARKAL（即 Market Allocation 的简写）指的是市场配置，是一个综合能源系统的最小成本优化模型，即以最小成本的方式满足能源服务的需求。最初的 MARKAL 模型由国际能源署（IEA）的能源技术系统分析项目（Energy Technology Systems Analysis Program，简称 ETSAP）在 20 世纪 80 年代初期开发。从那时起，ETSAP 扩展了 MARKAL 建模的框架，开发了一系列的 MARKAL 模型。MARKAL 的广义能源系统模型可以用于分析地方、区域乃至一国水平上的能源系统。它已经在将近 40 个国家的各种能源规划和政策分析部门中得到应用，包括发达国家、转型国家和发展中国家。

MARKAL 是一个高度灵活的、跨时期的、广义能源系统线性规划模型。MARKAL 的协作模型开发方法是通过 GAMS（General Algebraic Modeling System 通用代数建模系统）语言提供的一个开放的架构实现的。最初的或标准的 MARKAL 是需求驱动型的，即当每个时期所有终端能源服务需求都得到满足时，才能获得可行的解决方案。它要求设定能源供应、能源服务需求、转换和需求技术、能源系统的一些约束条件或政策假设。这些约束条件可以是指有限的投资资本量，受到限制的石油进口量或对 CO_2 排放量的限制等。为了满足在预测期内的能源服务需求，MARKAL 运用这些指定的参数来决定代表最小成本方法的技术和燃料结构。

MARKAL 能源系统模型从供给和需求两方面描述了一个完全竞争的市场，它为公共及私人部门的政策制定者与规划者提供了详尽的能源生产和消费技术说明。MARKAL 能帮助我们理解宏观经济和能源使用之间的相互作用，促进低碳战略的开发；同时它能跟踪复杂的内部相互作用和反馈体系，并帮助他们量化政策变化的影响。

MARKAL 的政策应用包括：①在能源部门中，采用最小成本战略来限制温室气体排放和其他废弃物的排放；②分析需求侧管理方案的影响；③分析互连的国内及国外天然气管道和输电网的经济效应；④在能源生产、能源消费和能源使用技术中，识别征收或取消税收和补贴政策的潜在影响；⑤识别技术改进的潜在作用，如洁净煤技术、可再生能源技术和更多的高效能源技术。

MARKAL 目前最广泛的应用是为政策分析者设计一种技术方案,从能源和原材料消耗中减少碳排放。由于能源系统框架描述了具体技术,它对评估应用技术改进的政策特别有用。这些技术能提高能源或原材料的利用效率,促进新技术的开发和使用。多数综合模型(如宏观经济模型)缺乏这种能力,而且具体方案的影响也仅仅能从 MARKAL 模型输出中识别。减少温室气体排放的主要方法之一是技术选择。通过使用 MARKAL 系列模型,用户还可以针对减少碳排放的平均成本和影子成本,评估各种减排技术方案的影响。

除了技术政策,MARKAL 还是能够检验市场行为的工具。由于能源服务供应的增加,效率驱动响应使能源服务价格下降。值得关注的是,一些因技术改进而获得的收益将减少,这种现象被称为"反弹效应"。这样,设计碳减排或结合技术政策和市场政策进行分析就显得很重要。除了能源价格工具,其他市场工具也可以进行评估,如早期减排投资优惠政策、技术补贴和贷款计划(如专项资金或来自现有的国际捐赠机构的捐款)。

二、MARKAL 的建模框架

如同多数能源系统模型,MARKAL 中的能源载体联系着能源转换和需求。这种由用户定义的网络包含所有能源载体,包括主要的供应方(如采矿、石油开采等),转换和加工(如发电厂、炼油厂等)及能源服务的终端需求(如锅炉、汽车、居民房屋空气调节)等。对能源服务的需求可以按部门分类(如居民、制造业、交通和商业),也可以按部门内具体功能分类(如居民空调、取暖、照明、热水等)。图 5-1 建立的模块图描述了这个网络,也被称为参考能源系统(Reference Energy System,简称 RES)。

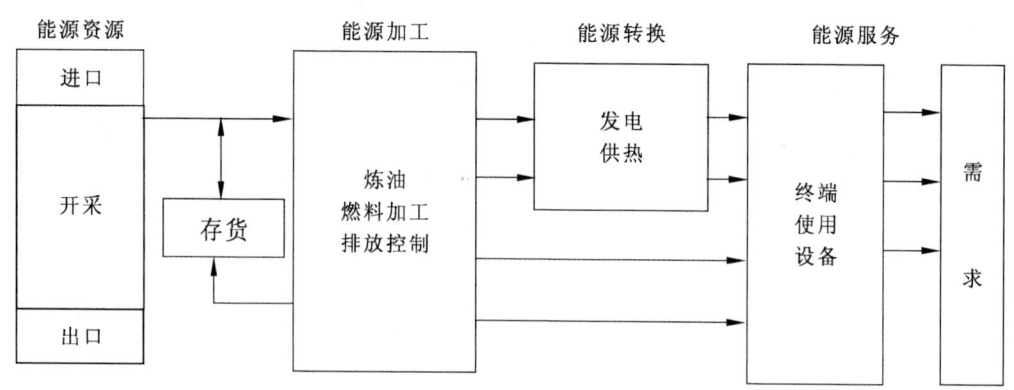

图 5-1 MARKAL 建模框架

用于模型求解的优化路径是从各种能源资源来源、能源载体和转换技术中进行选择,在各种约束条件下找出最小成本解决方案。各种技术成本、技术特征(如转换效率)和能源服务需求由用户定义。作为这种系统方法的内在约束条件,供应方技术要与能源服务需求相匹配。关于总系统成本下的这些选择,例如燃料和技术组合的改变、温室气体和其他污染物排放水平的上限、低碳技术的采用,用户可以探索它们的影响。因此,MARKAL对理解碳减排能力和其他能源系统规划设置中的技术作用是非常有用的。

各种不同的约束条件可以施加到能源系统上并影响最小成本解决方案。这些约束条件包括那些与能源系统相关的设定,如流量平衡、产能利用率、新投资导致的产能扩大。另外,环境政策问题,如温室气体排放政策,可以用几种方法进行设定,包括部门或系统范围内年度排放限制或累积排放限制。另外,征收碳税或其他费用也可以根据需要进行建模。其结果是,各种碳减排成本可能因为不同的减排水平而有所不同。通过这种方式,对未来产生的技术结构可以进行比较。如果对各种技术类型和市场占有率施加约束条件的话,整个能源系统的结构也将会改变。在所有情况下,MARKAL 将提供最小成本解决方案来满足各种给定的限制条件。

三、MARKAL 模型的不同形式

MARKAL 模型有不同的形式。表 5-1 列出了当前 MARKAL 系列模型的一览表,介绍了不同类型的 MARKAL。除了少数例外,在合适的地方它们能结合起来使用。然而,在一些情况下,功能是互相排斥的,因为它们代表满足相同需求的不同建模技术,例如 MACRO/MICRO/MED 在应对能源价格变化时,需求水平上的每一个条件都会变化。因此,它们可能无法一起使用。

表 5-1 MARKAL 系列模型一览表

名称	模型类型	简要描述(参考或例子)
MARKAL	线性规划(LP)	标准模型。外生的能源需求(Fishbone et al,1983)
MARKAL-MACRO	非线性规划(NLP)	耦合宏观经济模型。能源需求内生(Hamilton et al,1992)
MARKAL-MICRO	非线性规划(NLP)	耦合微观经济模型。能源需求内生,受价格变动影响(Regemorter and Goldstein,1998)
MARKAL-ED (MED)	线性规划(LP)	类似于 MARKAL-MICRO,但有渐变的需求函数线性表示(Loulou and Lavigne,1996)
MARKAL with multiple regions	非线性规划(NLP)	连接多个国家的 MARKAL-MED 和 MARKAL-MACRO,包括排放许可证贸易(Bahn et al,1998)
MARKAL with material flows	线性规划(LP)	除了能量流(电力、供暖),物质流和材料回收也能在 RES 内模拟(Gielen et al,1998)
MARKAL with uncertainties	随机规划(SP)	只和标准模型一起使用(Ybema et al,1998)
MARKAL-ETL	混合整数规划(MIP)	基于干中学曲线的内生性技术学习,成本是累积经验的函数(Barreto and Kypreos,1999)

最近加入 MARKAL 系列模型的 TIMES 显著扩大了 MARKAL 处理政策和规划问题的范围。例如，TIMES 可以实现负荷曲线随时间变化而变化的效果评价，从而对旨在鼓励更换过时资本设备的政府政策有更加全面的评价。该模型也能通过加强描述这些流程，更加严格地评价工业过程。

第二节 MARKAL 模型软件

MARKAL 模型软件可以分为两种：ANSWER 和 VEDA。ANSWER 是 MARKAL 的第一个 Windows 界面，而 VEDA 则主要适用于 TIMES，功能更加强大，能处理大型数据库。由于本项研究对负荷曲线的分析要求不是很高，因此采用 ANSWER - MARKAL。下面将重点介绍 ANSWER - MARKAL 软件。

一、ANSWER - MARKAL 软件

ANSWER 是 MARKAL 能源系统系列模型的一个 Windows 界面，是在 1998 年推出使用的。在过去的 15 年里，它被几乎所有的 MARKAL 建模者所使用。ANSWER 是采用 Microsoft Visual Basic、Microsoft Access、Microsoft Excel 和 GAMS 数学建模语言系统开发而成。ANSWER 这个能进行数据处理和分析的"壳"，为 MARKAL 设置了新的前/后终端，并为用户提供了建模系统的数据操作和处理平台。图 5 - 2 是基于 ANSWER 界面的 MARKAL 建模流程图。

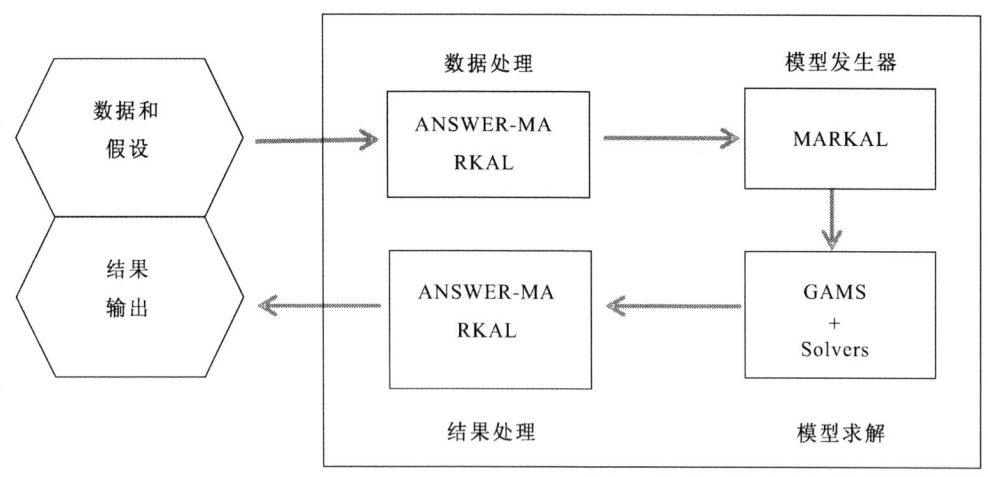

图 5 - 2 ANSWER - MARKAL 系统的建模流程图

这个基于 Windows 的软件，大大减少了 MARKAL 新用户所需的学习时间。由于 RES 能够将相关的模块更加紧密地结合起来，ANSWER 运行时速度更快，并能避免一些

可能发生的潜在风险。ANSWER 提供了拓扑结构(能源载体的技术互连)、技术分类或分组(如供应、转换、需求等)和数据输入(在网格中真实描述个别模块)的快速定义。数据处理功能的改进确保了 RES 的正确定义,通过用树状图能够完整描述模块的识别和分类,能正确描述过程/商品的属性和单位。

二、GAMS MARKAL 模型的限制条件

为了满足 GAMS MARKAL 的建模,需要设定决策变量的限制条件。表 5-2 描述了一些重要的限制条件。通过这些基础性条件的约束,能更好地认识模型内部的结构原理和各种决策变量之间的关系。

表 5-2 GAMS MARKAL 模型的限制条件

限制条件	简要说明
流量平衡约束	对模型中的每一种能源载体,总消费量不超过总供给量
需求约束	对于每一种终端能源需求,总需求量不超过总供给量
技术能力跨期转移约束	在每一个时期,当前技术产能取决于模型开始之前的剩余产能和模型开始之后新投资增加的产能(要考虑技术的生命周期)
产能利用率约束	在每一个时期,加工和转换技术的活动水平不超过额定技术能力
转换技术定期维护约束	在每一个时期,设备停止运行可以分为两种原因,有计划的停机维护和机械故障
电力峰值约束	在每一个时期,为满足最大负荷时间段的峰值,要确保有额外的发电能力
电力基本负荷约束	在每一个时期和每一个季节,对于电力能源载体,夜间发电量要小于夜间总发电能力的电量
排放约束	在最佳解决方案下的能源系统中,针对排放规定了每一期的排放量和累积排放量
用户定义的约束	允许用户设定额外的约束
转换技术年度活动边界	在每一个时期,对一种转换技术总的活动水平指定一个下限/固定值/上限
资源技术上的累积约束	对每一种资源开采技术,在整个模型范围内,可能对其活动水平总和附加一个限制条件,例如不超过资源禀赋总量
目标函数:总贴现成本	目标函数代表了能源系统成本的贴现值,并使其最小化;假定投资是发生在每一期的期初,并且不考虑残值

第三节　中国 MARKAL 模型

一、中国 MARKAL 模型中的主要技术

中国的 MARKAL 模型对中国的能源系统进行了详细的描述,包括能源资源开采、能源进出口、转换、传输和终端分配。主要的能源不仅包括传统的化石燃料,如煤炭、石油、天然气(含煤层气等),还包括新的和可再生能源,如水能、核能、风能、太阳能、地热能和生物质能。在模型内,大约有 50 种转换技术,包括已经存在的和正在开发的,它们用于把主要能源转换成最终能源(表 5-3)。

表 5-3　中国 MARKAL 模型的主要转换技术

单独发电技术	热电等联产
煤炭,超临界	煤炭,先进联产
煤炭,超超临界	天然气,联合循环联产
煤炭,整体气化联合循环	生物质,气化,热电联产
石油,传统机组	非电力能源载体的生产
石油,联合循环	洗煤
天然气,简单循环机组,调峰	煤炭,社区集中供热
天然气,联合循环	煤炭,集中式社区供热,先进蒸汽机
生物质,流化床燃烧	煤炭,炼焦
太阳能,居民光伏发电系统	煤炭,气化,现有技术
太阳能,集中光伏发电站	煤炭,气化,先进技术
风能,小规模本地机组	煤炭,直接液化
风能,偏远大机组	煤炭,间接液化
风能,海上(>50MW)	煤炭,制氢
水电	炼油
小水电(≤50MW)	沼气
地热能发电	
核能发电	

二、中国 MARKAL 模型中的参考能源系统(Reference Energy System)

中国的 MARKAL 模型把终端能源需求部门分成了五大类：工业、商业、居民（包括城市和农村）、农业和交通。图 5-3 描述了中国 MARKAL 模型中的参考能源系统，将资源、技术和终端需求这三部分通过中间转换紧密地联系在一起。

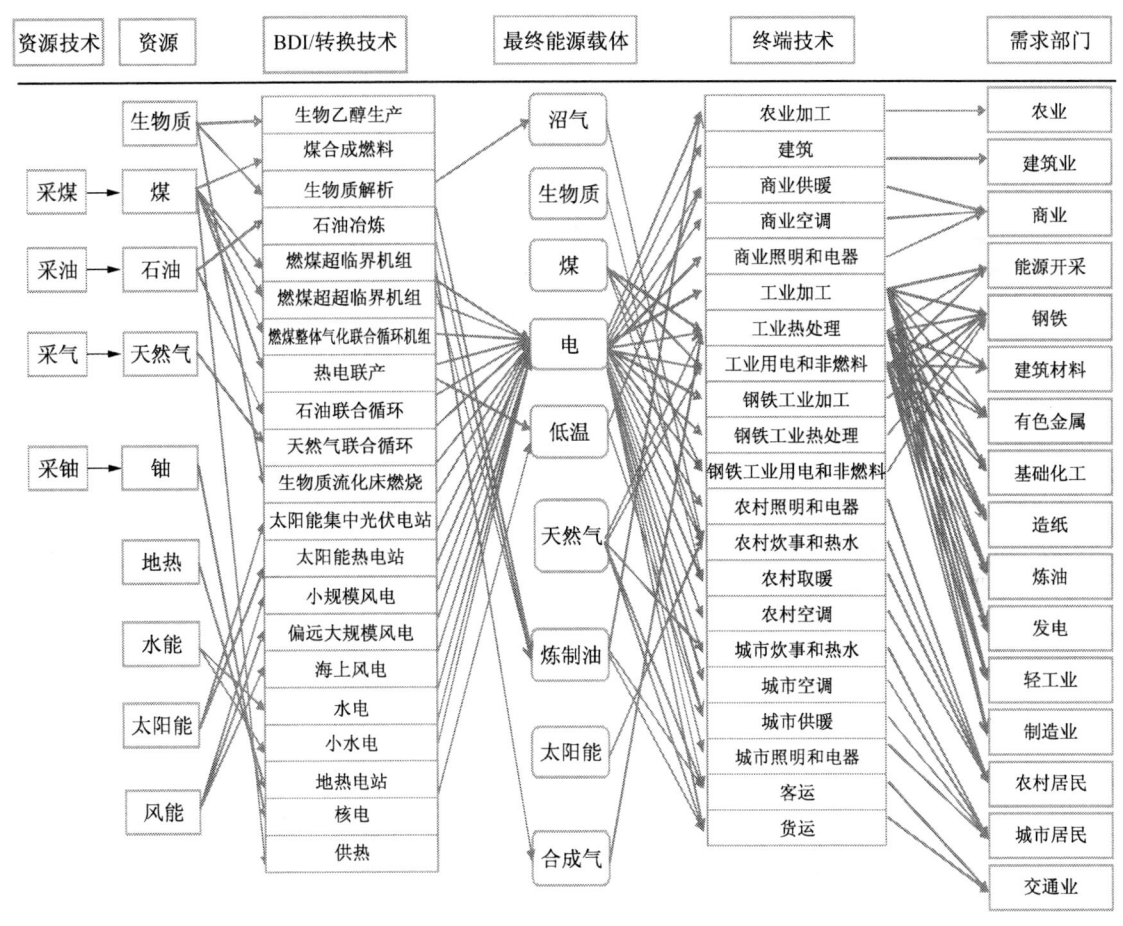

图 5-3 中国 MARKAL 模型中的参考能源系统

三、中国 MARKAL 模型的参数设定

要求解对一次能源资源的需求，首先要决定终端部门对能源服务（即有用能）的需求。根据对我国未来四十年经济社会发展趋势的总体判断，表 5-4 给出了 2010—2050 年中国各部门对能源服务的需求走势的假设。未来中国对能源服务的需求将呈现出巨大的变化。

表 5-4 终端部门对能源服务需求走势的设定　　　　　（单位：万 t 标准煤）

年份 部门	2010	2015	2020	2025	2030	2035	2040	2045	2050
农业	3 937	4 280	4 621	4 888	5 055	5 198	4 972	4 804	4 495
建筑业	4 370	5 003	5 401	5 713	5 908	6 075	5 711	5 581	5 203
商业	12 216	13 986	15 100	17 973	20 618	22 983	23 147	24 744	24 906
能源采掘	10 377	12 110	13 374	14 930	15 802	16 204	16 064	15 125	15 087
钢铁	42 528	48 920	53 110	54 879	55 895	56 368	53 135	48 235	43 440
建材	20 654	23 868	25 953	26 768	27 198	27 636	26 279	23 076	18 185
有色金属	9 873	11 519	12 627	13 084	13 487	13 640	13 245	11 090	10 398
基础化工	21 420	24 750	27 020	29 069	30 739	31 902	30 949	28 220	25 169
造纸	2 864	3 279	3 540	3 775	3 872	3 981	3 808	3 627	3 313
炼油	11 727	13 784	15 117	16 574	17 908	18 765	19 682	20 232	20 349
发电	17 398	20 033	21 928	23 896	27 938	30 326	31 095	31 288	30 831
轻工业	17 090	19 688	21 542	23 076	23 943	25 177	23 464	21 663	20 696
制造业	15 235	17 670	19 438	19 874	20 612	20 526	18 355	16 069	13 517
城市居民	18 983	23 315	28 302	32 461	42 653	47 203	50 923	54 276	57 659
农村居民	6 328	7 772	9 434	10 821	14 218	15 735	16 975	18 093	19 221
交通	11 151	15 354	21 138	23 848	28 700	31 223	37 381	39 122	40 740

考虑当前资源禀赋状况、节能减排措施、采取碳排放强度的气候变化对策等情况,设置我国未来主要能源资源需求情景的主要参数和特征(表 5-5)。

表 5-5 我国未来主要能源资源需求情景的主要参数和特征

参数	特征
贴现率	年贴现率为 5%
煤电技术	装机容量上限设置为 13 亿 kW
核电技术	装机容量上限设置为 1 亿 kW
水电利用技术	装机容量上限设置为 4.8 亿 kW
燃气发电技术	装机容量上限设置为 5 000 万 kW
柴油发电技术	装机容量上限设置为 1 000 万 kW
风能发电技术	装机容量逐年上升,但上限设置为 4 亿 kW
生物质能利用技术	装机容量上限设置为 5 000 万 kW
地热能利用技术	装机容量上限设置为 5 000 万 kW
煤炭消费量	2015 年不超过 40 亿 t

第四节 情景设定

本项研究主要预测中国至 2050 年重要能源资源需求峰值状况,特别是要考察不同温室气体减排政策对能源资源需求峰值的影响。依据温室气体减排政策的不同,本项研究设置 3 种能源资源需求情景。

第一种情景是基准情景(BAU),或称自愿减排(即碳排放强度下降)情景。中国政府做出了到 2020 年单位 GDP CO_2 排放比 2005 年下降 40%～45% 的承诺。2005 年我国 CO_2 排放量是 57.9 亿 t。如果从 2005 年到 2020 年我国 GDP 翻两番,那么 CO_2 年排放量可以翻一番多一点。因此,设定 2020 年我国 CO_2 排放量的上限是 125 亿 t。但是,对 2020 年以后的排放量不设置约束条件。

第二种情景是 2030 年起强制减排(即碳排放总量减少)情景。2009 年 9 月 24 日,国务院发展研究中心副主任刘世锦在北京提出,中国碳排放的峰值期会在 2030—2040 年之间到来,并倡议建立全球碳减排责任体系,排放权分配应以"人均历史累计排放"为基础。如果 2020 年我国 CO_2 排放量上限是 125 亿 t,2020—2030 年 GDP 年增长率是 5.5%,假设 CO_2 排放年增长率不超过 3%,则 2030 年及其以后 CO_2 年排放量的上限是 165 亿 t。或者说,从 2030 年起,我国 GDP 增长与 CO_2 排放之间将出现脱钩的现象。

第三种情景是 2020 年起强制减排(即提前强制减排)情景。在 2011 年南非德班气候变化大会上,国家发展和改革委员会副主任、中国代表团团长解振华宣布,中国愿意有条件接受 2020 年后的量化减排协议,但前提是发达国家必须签署《京都议定书》第二承诺期;尽快启动绿色气候基金,建立监督和执行机制;落实适应、技术转让、森林、透明度、能力建设等共识;加快对各国兑现承诺、落实行动情况的评估;坚持"共同但有区别的责任"、公平、各自能力的原则,确保环境的整体性。考虑到未来中国人口峰值将达到14.7亿人,国外发达国家人均CO_2年排放量基本都在10t以上,例如美国在20t左右,假设2020年以后中国有条件的CO_2年排放的上限是145亿t(即每年人均10t左右的排放量)。

第五节 情景计算

根据上面的讨论和设定,利用MARKAL模型,计算得到中国至2050年重要能源资源需求结果的预测值。按照不同的碳减排情景,预测结果分别见表5-6、表5-7和表5-8。

表5-6 我国重要能源资源需求预测(基准情景)　　　(单位:百万t标准煤)

年份 重要能源资源	2010	2015	2020	2025	2030	2035	2040	2045	2050
煤炭	2 210	2 731	3 396	4 114	4 210	4 288	4 139	3 882	3 627
石油	617	701	826	934	1 123	1 284	1 379	1 350	1 331
天然气(含煤层气等)	143	307	472	512	657	771	822	863	915
水电	231	302	383	397	402	405	405	409	418
核电	23	35	84	116	137	176	187	207	228
风电	13	25	40	48	65	81	97	113	129
生物质能发电	9	17	20	23	26	29	32	33	33
地热能发电		2	5	8	11	15	17	12	13
其他能源	3	5	6	10	12	15	19	24	29
合计	3 249	4 125	5 232	6 162	6 643	7 064	7 097	6 893	6 723

注:一次电力按发电煤耗折算,其他能源含太阳能发电、生物燃料乙醇、生物柴油等,下同。

在基准情景下,我国煤炭资源需求峰值出现在2035年,数量是42.88亿t标准煤,比2010年增长了94%,大约翻了一番;石油资源需求峰值出现在2040年,数量是13.79亿t标准煤,比2010年增长了120%,翻了一番多;天然气(含煤层气等)需求持续上升,峰值没有出现;水电资源需求峰值没有出现,但是受资源禀赋的约束,到2020年时,大部分的水电资源已开发完毕;核电资源、风电资源、生物质、地热能等与水电相似,需求峰值都没有出现。最后,总体能源资源需求峰值出现在2040年,数量是70.97亿t标准煤,比2010年增长了近120%,翻了一番多。

表5-7 我国重要能源资源需求预测(强制减排情景) （单位：百万t标准煤）

年份 重要能源资源	2010	2015	2020	2025	2030	2035	2040	2045	2050
煤炭	2 210	2 731	3 414	4 117	4 180	4 169	4 085	3 886	3 645
石油	617	702	823	936	1 127	1 275	1 380	1 350	1 335
天然气(含煤层气等)	143	307	462	506	652	826	826	851	889
水电	231	283	383	397	402	405	406	396	387
核电	23	35	81	116	136	186	206	207	228
风电	13	25	40	48	65	81	97	113	129
生物质能发电	9	17	20	23	26	29	32	33	33
地热能发电		1	5	8	11	15	17	12	12
其他能源	3	5	7	12	15	18	23	29	35
合计	3 249	4 106	5 235	6 163	6 614	7 004	7 072	6 877	6 693

在强制减排情景下,我国煤炭资源需求峰值出现在2030年,数量是41.80亿t标准煤,比2010年增长了近90%;石油资源需求峰值出现在2040年,数量是13.80亿t标准煤,比2010年增长了120%,翻了一番多;天然气(含煤层气等)需求持续上升,峰值没有出现;水电资源需求峰值出现在2040年,数量是4.06亿t标准煤,比2010年增长了75%左右;核电、风电、生物质能、地热能等能源资源需求峰值均没有出现。

表5-8 我国重要能源资源需求预测(提前强制减排情景) （单位：百万t标准煤）

年份 重要能源资源	2010	2015	2020	2025	2030	2035	2040	2045	2050
煤炭	2 210	2 731	3 414	3 994	3 812	3 596	3 517	3 731	3 649
石油	617	674	803	891	1 050	1 450	1 551	1 236	1 274
天然气(含煤层气等)	143	307	440	522	746	844	844	845	771
水电	231	281	382	391	397	399	402	402	412
核电	23	30	95	128	169	186	206	227	235
风电	13	25	40	48	65	81	97	113	129
生物质能发电	9	17	20	23	26	29	28	33	33
地热能发电		2	5	8	11	14	17	18	22
其他能源	3	5	8	14	20	28	35	42	48
合计	3 249	4 072	5 207	6 019	6 296	6 627	6 697	6 647	6 573

在提前强制减排情景下,煤炭资源需求峰值出现在 2025 年,数量是 39.94 亿 t 标准煤,比 2010 年增长了 80%;石油资源需求峰值出现在 2040 年,数量是 15.51 亿 t 标准煤,比 2010 年增长了 150%;天然气(含煤层气等)资源需求峰值出现在 2045 年,比 2010 年增长了近 500%;水电、核电、风电、生物质能发电、地热能发电等能源资源需求均保持上升趋势,峰值没有出现。

第六节 情景分析

不同的碳减排情景对我国能源资源需求峰值也产生了影响。严格的碳减排要求导致高碳能源资源需求峰值提前到来,而且峰值的数量也有变化。

一、不同碳减排情景下煤炭需求峰值

在基准情景下,煤炭需求峰值出现在 2035 年,数量是 42.88 亿 t 标准煤;在强制减排情景下,煤炭需求峰值出现在 2030 年,比基准情景提前了 5 年,数量是 41.80 亿 t 标准煤,比基准情景减少了 1 亿 t 标准煤;在提前强制减排情景下,煤炭需求峰值出现在 2025 年,数量是 39.94 亿 t 标准煤,比基准情景减少了约 3 亿 t 标准煤,比强制减排情景减少了 2 亿 t 标准煤(图 5-4)。可见,煤炭资源需求峰值受碳减排政策影响较大。

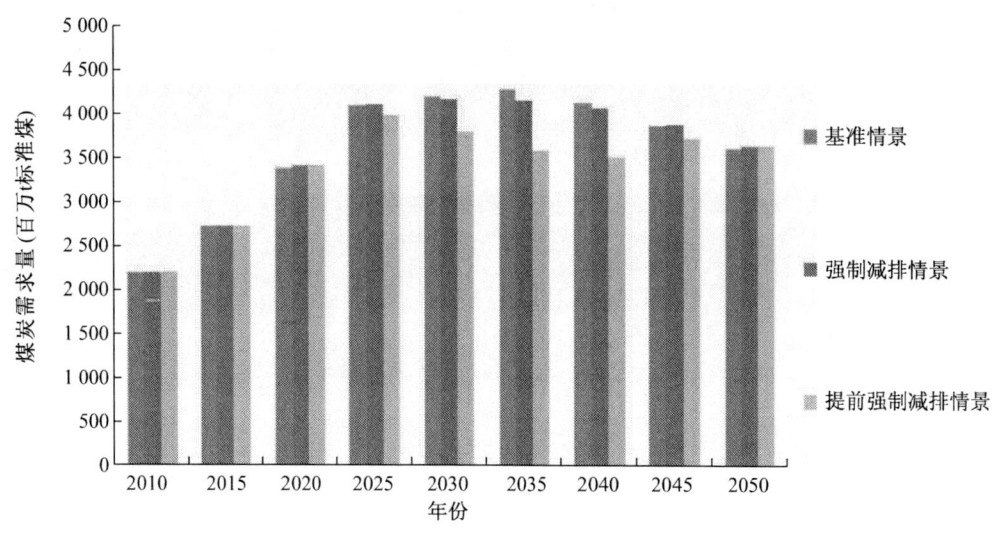

图 5-4 不同碳排放政策下我国煤炭需求峰值

二、不同碳减排情景下石油需求峰值

石油的碳强度要低于煤炭,但高过天然气。每 GJ 煤炭的碳含量是 25.5kg,石油是 19.3kg,天然气是 15.3kg(潘家华,2004)。在基准情景下,石油需求峰值出现在 2040 年,数量是 13.79 亿 t 标准煤;在强制减排情景下,石油需求峰值仍然出现在 2040 年,数量是

13.80亿t标准煤,与基准情景基本相同;在提前强制减排情景下,石油需求峰值也是出现在2040年,数量是15.51亿t标准煤,比基准情景和强制减排情景高出12%(图5-5)。值得注意的是,在提前强制减排情景下,2040年以后的石油需求比基准情景要低,而且2050年比2045年略高一点点。

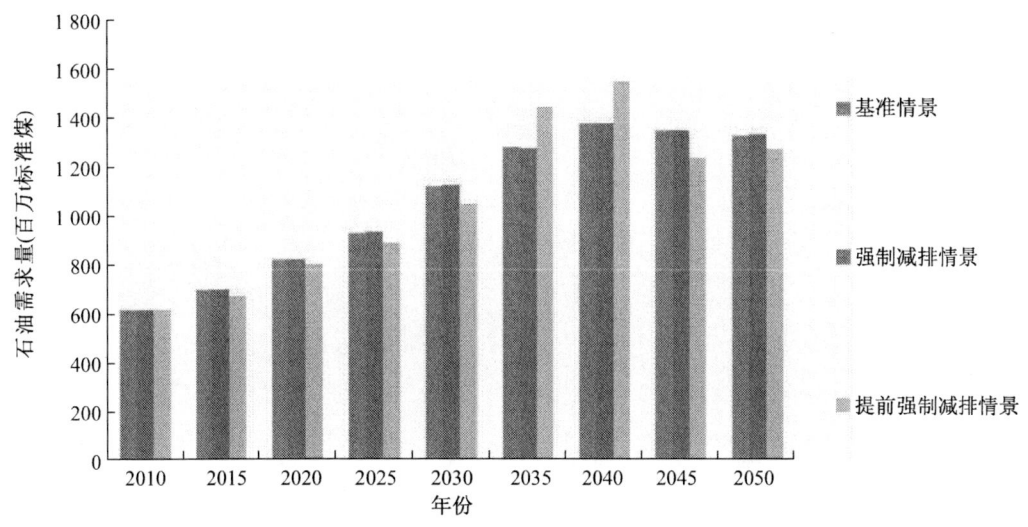

图5-5 不同碳排放政策下我国石油需求峰值

三、不同碳减排情景下天然气(含煤层气等)需求峰值

在基准情景和强制减排情景下,天然气(含煤层气等)需求峰值都没有出现。但是在提前强制减排情景下,天然气(含煤层气等)需求峰值出现在2045年,需求数量与前两种情景相近(图5-6)。此后,天然气(含煤层气等)需求数量显著下降。

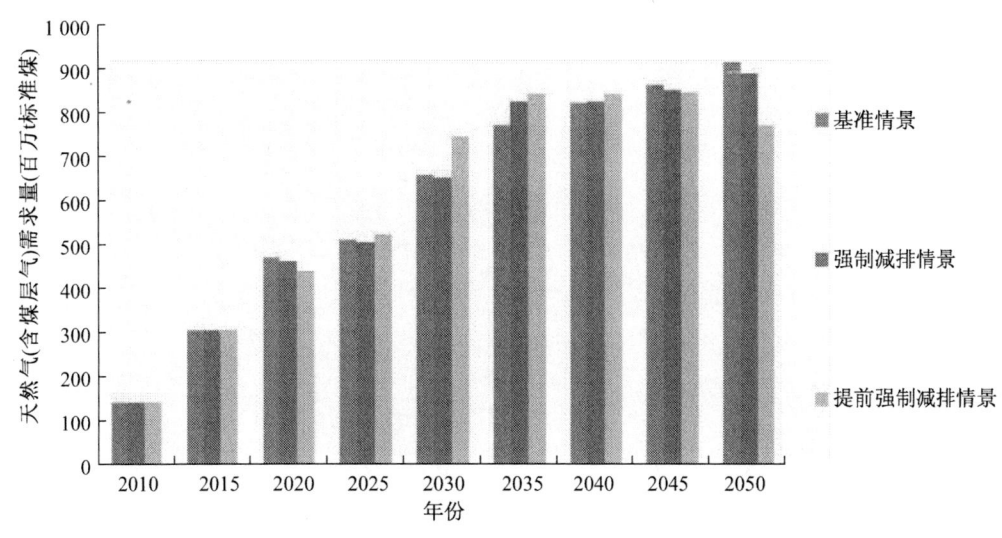

图5-6 不同碳排放政策下我国天然气(含煤层气等)需求趋势

四、不同碳减排政策下水电资源需求峰值

在基准情景和提前强制减排情景下,水电资源需求峰值没有出现;在强制减排情景下,水电资源需求峰值出现在2040年(图5-7)。但是,我国水电资源需求在2020年之前快速增长,2020年之后变化不大。

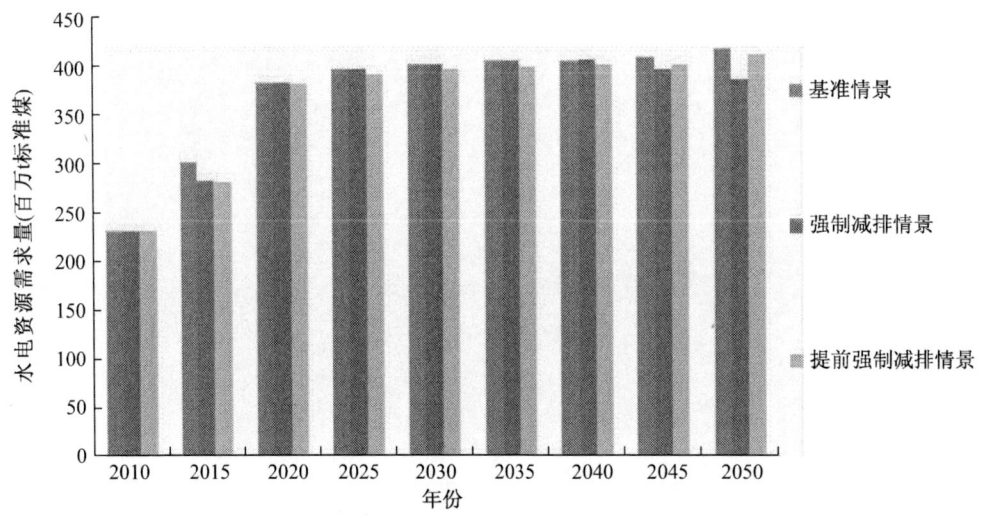

图5-7　不同碳排放政策下我国水电资源需求趋势

五、不同碳减排政策下核能资源需求峰值

本研究假设我国核电装机容量上限是1亿kW。在3种碳减排情景下,核电资源需求峰值都没有出现(图5-8)。但是,严格的碳减排政策对核电有一定的促进作用。

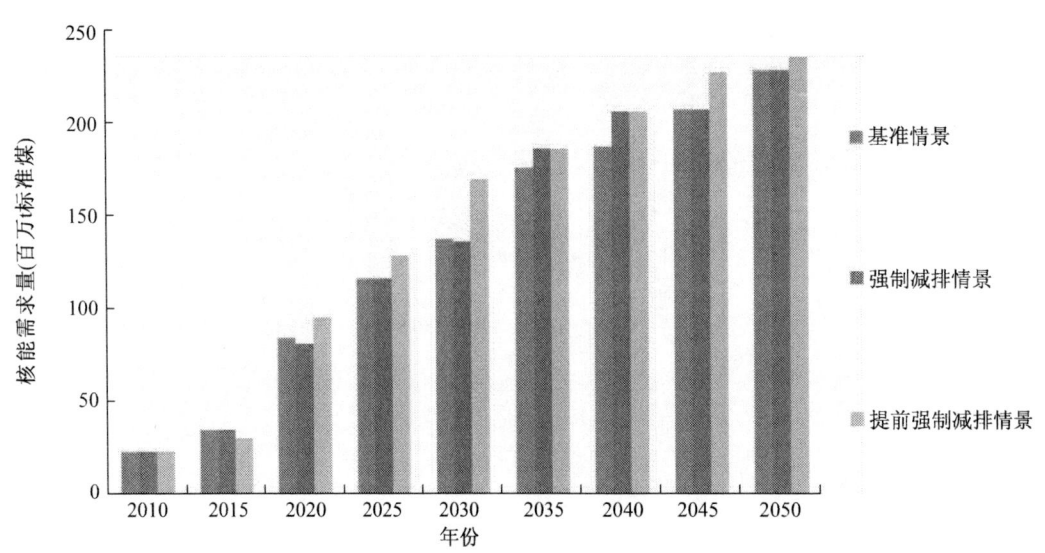

图5-8　不同碳排放政策下我国核能需求趋势

六、不同碳减排情景下我国一次能源资源需求峰值

在3种不同的碳减排政策下,我国一次能源资源需求峰值都出现在2040年,但需求峰值的数量略有不同(图5-9)。在基准情景下,需求数量是70.97亿t标准煤;在强制减排情景下,需求数量是70.72亿t标准煤;在提前强制减排情景下,需求数量是66.97亿t标准煤。提前强制减排比前两种情景下降了5%以上。无论是上述哪一种情景,需求量都比2010年翻了一番多。

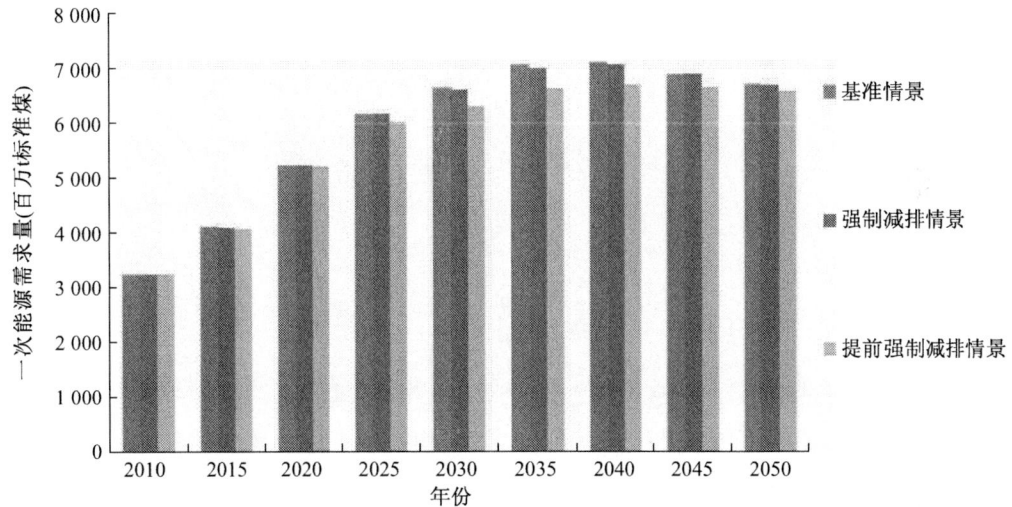

图5-9 不同碳排放政策下我国一次能源需求峰值

第六章　中国能源供应路线

根据前面的预测，未来几十年我国总体能源需求量以及煤炭、石油、天然气、核能等重要个体能源资源需求量都将翻番。由于受到我国能源资源禀赋以及开采条件的约束，能源进口不可避免。保障能源供应安全是我国未来的重要任务和挑战。

在 2030 年强制减排和 2020 年提前强制减排的情景下，煤炭等高碳能源资源需求量有所减少，可以减少供应能力，而天然气和可再生能源等低碳能源需求量有所增加，需要进一步增加供应能力。

第一节　煤炭供应路线

煤炭是我国的基础能源，2010 年在一次能源中的比重高达 68%。按照不同的碳减排情景，我国煤炭需求的峰值可能出现在 2025—2035 年，需求数量在 40 亿 t 标准煤左右，比 2010 年提高约 90%，几乎是翻了一番。

在煤炭供应方面，由于我国煤炭资源总量较为丰富，煤炭的供应路线应以国内供应为主，同时增加煤炭的进口量。据 1997 年第二次全国煤炭资源预测结果，中国垂直深度在 2 000m 以内的煤炭地质理论资源总量为 5.57 万亿 t，其中 1 000m 以内的资源量为 2.86 万亿 t。在总的煤炭资源量中，截至 2007 年，中国探明煤炭资源 11 804 亿 t，在已查明的 1 万亿 t 煤炭探明资源总量中，已经精查资源储量为 1 908.45 亿 t，现有生产矿井已占用 1 146.55 亿 t。总的来看，中国煤炭资源量大，但经济可开采资源量不足，优质资源量少，对在环境容量范围内进行煤炭开采研究不够。

我国煤炭资源主要分布在西部，而煤炭消费中心在东部沿海地区，供给远离消费市场导致煤炭运输压力大（表 6-1）。目前我国铁路货运量约 50% 是运输煤炭。

2009 年中国由煤炭出口国转变为煤炭进口国，并且此后煤炭进口量持续增加。2009 年，中国进口煤炭 1.26 亿 t，出口 2 240 万 t，净进口量 1.03 亿 t；2010 年进口继续保持增长，净进口量达到 1.46 亿 t。中国煤炭进口来源主要是印度尼西亚、澳大利亚、越南、蒙古、俄罗斯等 10 个国家（图 6-1）。

未来几十年亚太煤炭市场供应基本充足。澳大利亚、印度尼西亚仍将位居前列，蒙古、俄罗斯以及非洲随着矿山的进一步开发，份额将不断扩大。

表 6-1 全国煤炭资源区划及资源储量分布 （单位：亿 t）

区域	规划区	矿区数	储量	基础储量	资源量	查明资源量
一区	北京、天津、河北	274	42.27	97.71	81.32	179.03
	辽宁、吉林、黑龙江	641	68.32	159.4	155.09	314.49
	江苏、安徽、山东、河南	781	174.41	370.43	415.62	786.05
二区	陕西、山西、内蒙古、宁夏	1 208	1 267.32	2 133.78	4 726.18	6 859.96
	甘肃、青海、新疆	538	72.60	166.53	950.71	1 117.24
三区	贵州、云南、重庆、四川	1 051	243.83	367.65	494.79	862.44
四区	浙江、福建、江西、湖北、湖南、广东、广西、海南	1 618	23.94	46.54	44.82	91.36
全国合计		6 111	1 892.68	3 342.03	6 868.53	10 210.56

资料来源：中国工程院，2005 年。

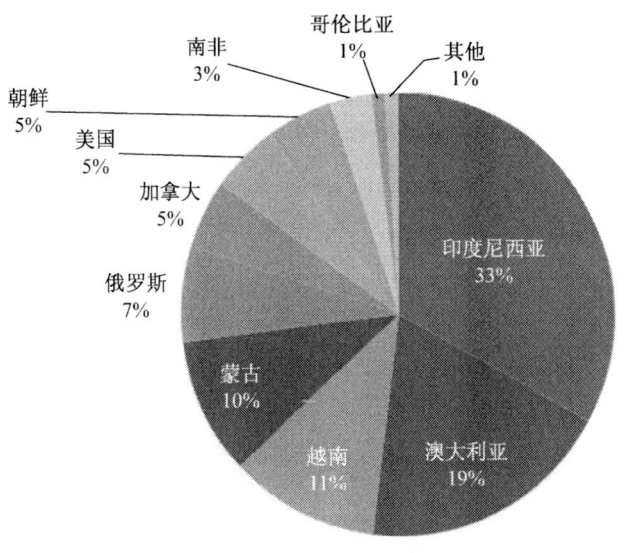

图 6-1 2011 年第一季度中国煤炭进口来源
（资料来源：中国海关统计年鉴，各年）

我国东南部沿海地区靠近澳大利亚、印度尼西亚等亚太煤炭出口国，北方靠近蒙古和俄罗斯。进口煤炭既能增加能源供应，又能减缓运输压力。以稀缺煤种和优质动力煤为主，稳步开展煤炭进口贸易。

第二节 石油供应路线

石油是我国的重要能源,2010年石油在我国一次能源中的比重达到19%,仅次于煤炭。按照不同的碳减排情景,未来我国石油需求峰值将会出现在2040年,需求量将翻一番多。

由于我国石油资源禀赋有限,石油安全在我国的能源安全中处于优先地位。截至2007年底,全国石油剩余经济可采储量20.95亿t,储采比为11,比20世纪90年代以来14~15的储采比有所下降。我国石油资源海上占24%,主要分布在渤海、南海和东海;陆上占76%,其中东部地区约占51%,西部地区约占49%,大多分布在高原、山地、沙漠、滩涂等较复杂恶劣环境,开发技术要求高、难度大。受国内资源条件限制,原油产量增长缓慢。综合国内有关研究机构的研究结果,按照我国石油最终可采储量为130~150亿t计算,如果没有特别大的技术突破,我国原油产量的高峰期在2020年前后,预计原油产量在2.0亿t左右。2040年我国石油需求峰值将达到8亿t左右,如果没有大规模的煤制油等特别措施,石油进口量将达到6亿t左右,对外依存度将达到75%。

在石油供应方面,要鼓励我国企业"走出去",发挥我国市场和技术优势,深入开展与石油资源国务实合作。同时,要优化贸易结构。以原油为主、成品油为辅,巩固拓展进口来源和渠道,扩大石油贸易规模。

石油作为一种基础性原料和战略物资,是国家经济的生命线。石油进口安全包括进口来源稳定、可靠,可以保证足够的供应量。2009年,我国进口原油2.038亿t,超过日本成为仅次于美国的全球第二大原油进口国;2010年,我国原油进口进一步攀升,创下2.393亿t的新纪录,比2009年增长17.4%。过去10年,我国原油进口量平均每年递增13%。我国原油进口主要集中在中东、非洲、前苏联地区和中南美洲。沙特阿拉伯仍是我国最大的进口原油供应国,2010年4 463万t的原油进口占到我国进口量的18.6%(表6-2)。在2010年最大的10个对华原油供应国中,有5个来自中东,除沙特阿拉伯外,还有伊朗、阿曼、伊拉克、科威特。2010年安哥拉对我国的原油出口量已增加到3 938万t,比上年增加22%,进一步巩固了其第二大对华原油供应国的地位。2008—2010年,来自非洲的原油进口量年均增长10%,在我国进口总量中保持在30%的水平。俄罗斯是排名第5位的对中国原油出口国,近五年其对中国原油出口量一直维持近1 500万t左右。过去几年,中国增加了中南美洲的原油进口量。2010年,来自中南美洲的原油进口占到8.8%,超过亚太地区3.7%的进口份额。

我国原油进口主要来自中东和非洲,大都采用海上运输,经过霍尔木兹海峡和马六甲海峡,运输安全风险较大。过分依赖中东和非洲地区原油以及单一海洋运输,尤其是目前马六甲海峡安全隐患突出,一旦海峡遭破坏,我国石油进口可能面临中断的风险。

表 6-2 中国主要原油进口国 (单位:t)

国别\年份	2005	2006	2007	2008	2009	2010
沙特阿拉伯	2 217.89	2 387.15	2 633.22	3 636.84	4 195.31	4 463.00
安哥拉	1 746.28	2 345.20	2 499.66	2 989.39	3 217.25	3 938.19
伊朗	1 427.28	1 677.42	2 053.68	2 132.24	2 314.72	2 131.95
阿曼	1 083.46	1 318.33	1 367.99	1 458.46	1 163.84	1 586.83
俄罗斯	1 277.59	1 596.57	1 452.63	1 163.83	1 530.37	1 524.52
苏丹	662.08	484.65	1 030.95	1 049.92	1 219.14	1 259.87
伊拉克	117.04	104.58	141.21	186.01	716.30	1 123.83
哈萨克斯坦	129.00	268.28	599.84	567.09	600.61	1 005.38
科威特	164.57	280.92	363.23	589.63	707.58	983.39
巴西	134.32	222.28	231.55	302.18	406.03	804.77

资料来源:中国海关统计年鉴,各年。

国际原油贸易有贸易油和份额油两种方式。贸易油是从国外直接购买,份额油是通过参与国外石油资源开发,建立海外的长期石油生产基地,稳定地获取国外石油资源。目前贸易油是我国进口原油的主渠道,份额油在进口原油中所占比例还很小。贸易方式的单一和不合理使我国未能掌握利用国外资源主动权。

第三节 天然气供应路线

天然气(含煤层气等)是一种清洁高效的能源,具有转换效率高、环境代价小的优势,已经成为世界能源工业发展的一个重要潮流。2010 年,天然气在我国一次能源消费中的比重占到 4.4%。按照不同的碳减排情景,未来我国天然气的需求量将迅速增长,由 2010 年的 1 000 亿 m^3 增加到 2040 年以后的 5 000~6 000 亿 m^3,翻了两番还多。

在天然气供应方面,要采取国内开采和国外供应相结合的方式。中国的天然气总资源量较为丰富,约 47 万亿 m^3,可探明的天然气资源量为 22 万亿 m^3,可探明的可采储量为 14 万亿 m^3。我国天然气资源主要分布在鄂尔多斯、塔里木、四川、柴达木、东海、琼东南-莺歌海 6 个盆地。资源分布不平衡、资源远离市场决定了我国"西气东输"和"海气登陆"。

由于天然气需求的快速增长,我国于 2007 年成为天然气的净进口国。自那时起,天然气进口量以年均60%的速度增长,2012年达到2 900万t。中国最初以海运液化天然气(LNG)的形式进口。首座LNG接收站于2006年正式投产。2008年,中国80%的LNG进口来自澳大利亚。至2012年,卡塔尔取代澳大利亚成为我国最大的LNG供应国。与此同时,中国从印度尼西亚和马来西亚的LNG进口也大幅增加。截至2012年,中国已建成6座LNG接收站,年接收能力为2 600万t。随着中国首条中亚天然气管道于2009年贯通,陆路管道天然气进口量随之迅速增加。

从长期来看,中国对煤层气和页岩气资源的开发可以提高国内天然气产量。2008年对我国东部、中部、西部、南方和青藏5个大区进行过煤层气资源评价,圈定了鄂尔多斯、沁水、准格尔、滇东黔西、二连、吐哈、塔里木、天山和海拉尔等42个含气盆地、121个含气区带。全国埋深2 000m以内煤层气资源量为36.8万亿 m^3,埋深1 500m以内天然气资源量为10.9万亿 m^3,占世界总量的12.5%,居世界第3位。我国煤层气资源量与常规天然气资源量基本相当。页岩气在我国具有良好的开发前景,对页岩气的勘探工作已逐步展开。在四川盆地、鄂尔多斯盆地、渤海湾盆地、松辽盆地、吐哈盆地、江汉盆地、塔里木盆地、准格尔盆地等均有页岩气成藏的地质条件,局部有机碳含量超过30%,发现了典型页岩层中局部的天然气富集。图6-2是我国天然气产量预测图。

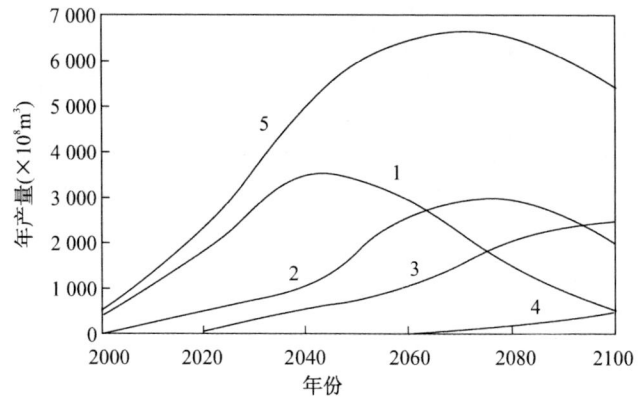

图6-2 我国天然气产量预测(据范泊江,2007)
1.常规天然气;2.煤层气、致密砂岩气、生物气、无机气;
3.页岩气、水溶气;4.天然水合物;5.天然气总量

第四节 核能资源供应路线

我国是世界上少数拥有比较完整核工业体系的国家之一。核能已成为人类使用的重要能源之一,核电是电力工业的重要组成部分。核电不造成对大气的污染排放,在国际社会越来越重视温室气体排放、气候变暖的形势下,积极推进核电建设,是我国能源建设的一项重要政策。这对于满足经济和社会发展不断增长的能源需求,保障能源供应与安全,保护环境,实现电力工业结构优化和可持续发展,提升我国综合经济实力、工业技术水平,

都具有重要意义。

2010年,核能在我国一次能源消费中的比重占到0.7%。按照不同的碳减排情景,核电在我国将有较大幅度的增长[①],对核能资源的需求也将呈快速增长之势。

在核能资源的供应方面,短期内国内资源能够基本满足需求,但在长期内将需要进口。在中国探明的大小铀矿床共200多个,提供了相当数量的可靠铀资源。但是,我国的铀矿普遍存在储量小、品位低、开采难度大等特点。在空间分布上主要集中在湘、赣、粤、桂四省,约占全国可靠铀资源的66.7%。中国目前掌握的远景铀资源有限。对于预测铀资源,根据历年来科研和生产中积累的资料及数据,专家们对全国的铀资源总量进行了预测,普遍认为中国具有足够保证核电发展的潜在铀资源。目前,中国内地的核电厂每年消耗1 300t铀,国内产量基本上可以满足需求。但从中远期来看,必须从两方面着手保证铀供应,即一方面加快国内铀资源的勘探和开采,提升天然铀生产能力;另一方面积极开拓海外铀资源市场。目前,中国及世界上大多数的大型压水堆核电技术对铀资源的需求大约为每百万千瓦装机年消耗180~190t。按照《核电中长期发展规划》,到2020年我国核电发展所需铀资源将增加到每年约7 300t。现在已探明的铀矿储量只够2020年1/3的用量。

目前,全球铀矿生产主要集中在澳大利亚、哈萨克斯坦、俄罗斯、美国及加拿大等8个国家。十大矿业公司几乎垄断全球铀矿生产。作为中国企业"走出去"投资铀矿的第一个项目,中国国核海外铀业有限公司在尼日尔的铀矿项目预计年产能700t金属铀,后期产能还可增加。中广核集团2009年与哈萨克斯坦国家原子能工业公司成立合资公司,拥有伊尔科利铀矿和谢米兹拜伊铀矿两个生产基地。2011年中广核集团联手中非发展基金,收购澳大利亚铀矿公司的控股权。该公司拥有纳米比亚胡萨布铀矿开采权。胡萨布铀矿是世界第四大铀矿,拥有2.8亿t氯化铀资源。

未来围绕能源资源的竞争将日趋激烈,我国宜早作部署。一些发达国家长期形成的能源资源高消耗模式难以改变,发展中国家工业化和现代化进程加快,能源消费需求将不断增加,全球能源资源供给长期偏紧的矛盾将更加突出。发达国家竭力维护全球能源市场主导权,进一步强化对能源资源和战略运输通道的控制。能源输出国加强对资源的控制,构建战略联盟强化自身利益。能源的战略属性、政治属性更加凸显,围绕能源资源的博弈将日趋激烈。

[①] 本研究将核电装机上限设定为1亿kW。

参考文献

白泉.中国 2050 年经济社会发展情景/2050 中国能源和碳排放研究课题组.2050 中国能源和碳排放报告[R].北京:科学出版社,2009.

陈迎,潘家华,谢来辉.中国外贸进出口商品中的内涵能源及其政策含义[J].经济研究,2008(7):11-25.

段茂盛,刘德顺.情景发展机制中的额外性问题探讨[J].上海环境科学,2003,22(4):250-253.

范泊江.中国非常规天然气资源及前景分析[R].中国石油大学研究报告,2007.

高杰,何平,张锐."中等收入陷阱"理论述评[J].经济学动态,2012(3):83-89.

国家发展和改革委员会能源研究所课题组.中国 2050 年低碳发展之路——能源需求暨碳排放情景分析[R].北京:科学出版社,2009.

国家发展和改革委员会能源研究所效率中心课题组.能源需求情景分析[R].载中国能源综合发展战略与政策研究〈http://www.eri.org.cn〉,2004.

姜克隽,胡秀莲,刘强,等.中国 2050 年低碳发展情景研究,载 2050 中国能源和碳排放研究课题组.2050 中国能源和碳排放报告[R].北京:科学出版社,2009.

林伯强.中国能源需求的经济计量分析[J].统计研究,2001(10):34-39.

刘强,庄幸,姜克隽,等.中国出口贸易中的载能量和碳排放量分析[J].中国工业经济,2008(8):46-55.

牛文元.中国城市化战略的低碳之路,载 2050 中国能源和碳排放研究课题组,2050 中国能源和碳排放报告[R].北京:科学出版社,2009.

潘家华.低碳发展的社会经济与技术分析//载腾藤,郑玉歆,等.可持续发展的理念、制度与政策[C].北京:社会科学文献出版社,2004.

史丹.结构变动是影响我国能源消费的主要因素[J].中国工业经济,1999(11):38-43.

王彦佳,张阿玲,施祖麟,等.未来能源价格对能源需求的影响[J].数量经济技术经济研究,1996(11):74-76.

魏一鸣,范英,王毅,等.关于我国碳排放问题的若干对策与建议[J].气候变化研究进展,2006(1):15-20.

吴宗鑫,吕应运.中国需要大规模发展核电[J].清华大学学报(哲学社会科学版),2001,16(3):54-57.

中国工程院.中国可持续发展煤炭资源战略研究[R].咨询报告,2005.

中国能源供求状况及前景分析课题组.中国能源供求状况及前景分析[J].统计研究,2007(10):3-8.

朱永彬,王铮,庞丽,等.基于经济模拟的中国能源消费与碳排放高峰预测[J].地理学报,2009(8):935-944.

参考文献

Bahn O, Barreto L, Büeler B, et al. A Multi-regional MARKAL MACRO Model to Study an International Market of CO_2 Emission Permits: A detailed analysis of a burden sharing strategy among the Netherlands, Sweden and Switzerland[Z]. PSI technical paper, 1998.

Barreto L, S. Kypreos. Technological Learning in Energy Models: Experience and Scenario Analysis with MARKAL and the ERIS Model Prototype[Z]. PSI report Nr. ,1999:08-99.

Chen W Y. The costs of mitigating carbon emissions in China: findings from China MARKAL-MACRO modeling[J]. *Energy Policy*, 2005,33: 885-896.

DOE/EIA. Potential of Renewable Energy[R]. White Paper of Natioal Laboratory, 1990.

EIA. International Energy Outlook[R]. doe, Washington D C, USA⟨http://www.eia.doe.gov⟩, 2009.

Fishbone L G, Giesen G, Goldstein G, et al. User's Guide for MARKAL (BNLIKFA Version 2.0) A Multi-period Linear-programming Model for Energy Systems Analysis[Z]. Brookhaven National Laboratory, Long Island, USA, 1983.

Gielen J, Gerlagh T, Bos AJM. MARKAL Energy and Materials System Model Characterisation [R]. ECN report ECN-C-98-085, ECN, Petten, the Netherlands, 1998.

Hamilton D, Goldstein G, Lee J C, et al. MARKAL-MACRO: An Overview[Z]. Brookhaven National Laboratories ♯48377, 1992.

Heaps C, Erickson P, Kartha S, et al. Europe's share of the climate challenge: domestic actions and international obligations to protect the planet[R]. Stockholm Environment Institute, Sweden, 2009.

IEA. World Energy Outlook 2007, China and India Insights[R]. Paris, 2007.

IEA. World Energy Outlook 2008[R]. Paris, 2008.

IPCC. Emissions scenarios - a special report of IPCC Working Group Ⅲ [R]. Published for the IPCC, 2000.

Jiang B B, Chen W Y, Yu Y F, et al. The future of natural gas consumption in Beijing, Guangdong, and Shanghai: An assessment utilizing MARKAL[J]. *Energy Policy*, 2008,36(9):3 286-3 299.

Lin J, Zhou N, Levine M, et al. Taking out 1 billion tons of CO_2: the magic of China's 11th Five-Year plan? [J]. *Energy Policy*, 2008,36:954-970.

Loulou R D, Lavigne. MARKAL model with Elastic Demands: Application to Greenhouse Gas Emission Control//C. Carraro, A. Haurie (eds.): Operations research and environmental management[C]. Netherlands: Kluwers Academic Publishers, 1996:201-220.

Ma H Y, Oxley L, Gibson J. Gradual reforms and the emergence of energy market in China: Evidence from tests for convergence of energy prices[J]. *Energy Policy*, 2009,37:4 834-4 850.

Mark Howells, Thomas Alfstad, Nicola Cross, et al. Rural energy modeling[Z]. Working paper No. 11, Program on Energy and Sustainable Development, Stanford University, 2002.

Regemorter Van, Goldstein G. Development of MARKAL-Towards a Partial Equilibrium Model.

ETSAP Technical Paper,1998.

Rosen Daniel, Houser Trevor. China Energy: A Guide for the Perplexed[Z]. Peterson Institute for International Economics,China Strategic Advisory,2007.

Vuuren Detlef, Zhou F Q, Bert de Vries, et al. Energy and emission scenarios for China in the 21st century—exploration of baseline development and mitigation options[J]. *Energy Policy*,2003, 31:369-387.

Wei Y M, Liu L-C, Fan Y. The impact of lifestyle on energy use and CO_2 emission: an empirical analysis of China's residents[J]. *Energy Policy*,2007,35:247-257.

World Bank. China: Air pollution and acid rain control, the case of Shijiazhuang city and the Changsha triangle area[R]. Joint UNDP/ESMAP Report. October,2003.

Ybema R,M Bos,J Seebregts. Incorporating the long term risk for deep emission reduction in near term CO_2 mitigation strategies[J]. *Journal of Hazardous Materials*,1998,61:217-227.

Yuan C Q, Liu S F, Wu J L. The relationship among energy prices and energy consumption in China [J]. *Energy Policy*,2010,38:197-207.

Zhang X L,Wang R S, Huo M L,et al. A study of the role played by renewable energies in China's sustainable energy supply[J]. *Energy*,2010,35(11):4 392-4 399.

后 记

近年来,中国经济新常态的理念逐步深入人心,以雾霾为代表的国内环境问题再次将能源问题推到风口浪尖。在此条件下,党中央提出能源革命的战略构想。这势必将大大加快中国能源系统的绿色化、低碳化和清洁化进程。

2014年11月12日,中美发布应对气候变化联合声明,中方首次正式提出2030年左右中国碳排放达到峰值。这与本研究中的2030年强制减排情景相吻合。另外,在经济新常态和能源革命的推动下,国内一些机构和学者提出了2025年中国实现碳排放峰值的可能性。这符合提前强制减排情景。

2014年11月,本研究课题顺利通过结题验收;2015年9月,本研究报告获得中国地质大学(武汉)资源环境研究中心出版基金的资助并公开出版。